직장인 15년 차 엄마의 아주 솔직한 육아 생존기
완벽한 워킹맘, 그런 거 없습니다

직장인 15년 차 엄마의
아주 솔직한 육아 생존기

완벽한 워킹맘, 그런 거 없습니다

숑 지음

프로방스

프롤로그

완벽한 워킹맘은 없습니다. 적어도 제가 살아본 현실에서는요.

임신과 출산, 육아와 일을 동시에 해내려 애쓸수록, 저는 더 많은 불완전함과 마주해야 했습니다. 계획대로 되는 건 거의 없었고, 예기치 못한 순간들이 매번 기다리고 있었죠. 아이를 안고 눈물 흘리던 새벽도, 회사에서 몰래 시간을 계산하며 불안해하던 오후도, 늘 제 예상과는 거리가 멀었습니다.

처음엔 그게 너무 두려웠습니다. '나만 이렇게 못하나?'라는 자책이 따라붙었고, '엄마라면 당연히 잘해야 한다'는 압박이 제 어깨를 짓눌렀습니다.

하지만 시간이 흘러서야 알게 되었습니다. 그 질문은 결코 저 혼자만의 것이 아니라는 걸요. 비슷한 상황에 있는 수많은 엄마, 동료, 친구들이 같은 질문을 하고 있었습니다. "나만 힘든 줄 알았는데…"라는 공감 속에서 우리는 서로를 조금씩 붙잡아 줄 수 있었습니다.

그래서 이 책은 완벽한 해답을 제시하는 육아 지침서도, 화려한 성공담이 담긴 커리어 전략서도 아닙니다. 그냥 하루하루를 버티고 살아낸 사람의 아주 개인적이고도 솔직한 기록입니다. 읽다 보면 어떤 대목에선 웃음이 터질 수도 있고, 또 어떤 장면에서는 가슴이 먹먹해질 수도 있을 겁니다. 중요한 건 그 모든 감정이 살아 있다는 증거라는 사실입니다.

혹시 지금 이 책을 펼친 당신이 완벽을 향해 달리느라 지쳐 있다면, 잠시 멈추어도 괜찮다는 말을 건네고 싶습니다. 저 역시 여전히 흔들리며 살아가지만, 그 흔들림 속에서도 결국은 버티고, 웃고, 다시 일어나며 살아내고 있습니다.

이 책이 작은 숨통이 되어 '아, 나만 이런 게 아니구나' 하는 안도감을 드릴 수 있다면, 제 글쓰기는 그것으로 충분합니다.

차례

4 프롤로그

제1장 완벽한 임신과 출산은 없다

12 비혼주의자의 임신할 결심
15 유산 후 난임 병원에서 자연임신까지
19 입덧만 5개월, 행복할 줄 알았지
23 매일 셀프채혈지옥 임신 당뇨
26 만삭, 지금이 제일 편한 때라고?
32 내 골반에 날뛰는 고라니, 자연분만
38 오줌싸개가 되어버린 산모님
41 작은 생명을 보고 밀려온 죄책감과 두려움
45 바쁘다 바빠 쉴 틈 없는 조리원 14일
51 진짜 육아 시작, 집으로

제2장 육아는 계획대로 되지 않는다

58　밤새 보초를 서는 육아는 전투다
62　아름다운 모유 수유 대신 젖소의 삶
66　기저귀 가는 것이 무서운 초보 엄마
70　육아 동지가 있다는 든든함
74　100일의 기적 vs 100일의 기절
80　똥손 엄마의 이유식 연구소
87　인생 8개월에 시작된 어린이집 생활
93　러시아 출신 문센텐션 엄마
102　계획과 예상을 완벽히 빗나가는 육아
109　경이로운 순간이 쌓여 나를 부모로 만든다

제3장 회사에선 엄마가 보이지 않는다

- 116 내 이름으로 다시 불리는 시간 : 워킹맘 복귀기
- 120 일도 육아도 다 엉망진창
- 125 나이도 경력도 부담스러운 애매한 사정
- 130 늘 미안함을 안고 사는 소심해져 버린 아줌마
- 135 시간이 지나면 정말 나아지긴 하나요?
- 140 한 아이를 키우려면 온 마을이 필요하다
- 147 배려와 배제의 한 끗 차이
- 152 나도 끝까지 잘 해내고 싶다
- 157 직장에서의 내 존재감
- 161 세상에서 우리 엄마가 제일 예쁘고 멋져

제4장 일과 사람 사이에서 부서지지 않기 위해

- 170 최고의 복지는 좋은 동료
- 175 남편과 육아 전투에서 살아남기
- 182 한계는 한 게 없는 사람의 핑계다
- 187 오늘도 회의 도중 퇴근 시간이 걱정된다
- 192 정시 퇴근을 눈치 보지 않아도 되는 조직은 없다
- 197 회사보다 엄마를 선택해야 하는 날들
- 201 내 인생의 우선순위를 다시 정의하다
- 204 가족이 있다는 든든함과 믿음
- 209 나는 직장인이기 전에 사람입니다
- 214 나도 회사에 없어서는 안 되는 구성원이 되고 싶은 마음

제5장 그냥, 나대로 살아보기로

- 220 지금 나는 어떤지 들여다보기
- 223 나는 무엇으로 충전되는 사람인가
- 228 가끔은 멈춰도 괜찮다는 위로
- 234 내가 좋아하는 것을 찾고 나만의 시간 갖기
- 241 작은 행복에 집중하기
- 246 완벽도 비교도 필요 없다, 나만의 길을 찾아서
- 252 나답게 사는 연습, 나답게 말하는 용기
- 258 엄마로서, 직장인으로서의 자신감과 자존감 찾기
- 262 아이와 함께 자라는 나
- 266 나도 누군가의 소중한 아이였음을 기억하며

- 273 에필로그

제1장

완벽한 임신과 출산은 없다

비혼주의자의 임신할 결심

 나는 열정적이고도 치열하게 삶을 살아내며, 이루고 싶은 것들을 내 뜻대로 이뤄야 직성이 풀리는 여자였다. 나만을 위해 사는 그런 사람이었다. 어딘가 얽매이는 것을 싫어하고 자유로움을 추구하며 나름의 세련된 삶을 원했다. 그러던 어느 날, 예고 없이 찾아온 갑상선암이라는 녀석을 내 몸에서 떼어내며 나의 가치관이 송두리째 바뀌었다. 부모님이 계시지 않을 먼 미래에 내 편, 내 가족이 있어야 삶을 살아내는 원동력이 되리라 생각했다. 그저 나 잘난 맛에 내 자유만을 추구하기에는 살아가야 할 날은 길었고, 또 외로울 것 같았기 때문이다.
 그런 과정을 겪어내던 때에 6년 정도 연애를 해오며 죽일 듯

미친 듯이 싸웠지만 끈끈한 우정으로 다져진 남자가 있었다. 그 남자와 헤어짐이냐 결혼이냐로 싸우던 시기기도 했다. 사실은 갑상선암 진단을 받기 전, 뉴질랜드 워킹 홀리데이를 가려고 비자도, 비행기표도, 숙소도 다 준비해 두었다. 뉴질랜드에가서 새로운 꿈도 펼치고 자연스레 이별의 문턱도 넘어설 수 있을거로 생각했다. 그런데 갑상선이 내 발목을 덜컥 잡아버린 것이다.

그리고 확신이 없었던 결혼이라는 제도도, 그 당시 남자 친구도, 예상치 못한 뜻밖의 사건으로 다시 생각해보게 되었다. 내 삶과 사회적 제도와 남자 친구라는 사람이 나에게 있어 얼마나 중요한 지와 서로가 함께 만들어갈 수 있을 세상들에 대해 그려봤다. 6년을 만나며 지지고 볶고 서열 정리를 하듯 으르렁거렸던 시간뿐 아니라 서로를 누구보다 잘 알고 이해하고, 아끼는 마음들을 또다시 누군가랑 만들기 쉽지 않을 것이라는 생각이 강하게 들었다. 그리고 그렇게 단단해진 시간만으로도 앞으로 함께할 날이 충분히 의미 있고 멋질 거라는 확신이 들었다.

그렇게 남자 친구와 연애 마침표를 찍고, 부부가 되었다. 그리고 난 자유로운 비혼주의자에서 기혼자가 되었다. 결혼과 동시에 아이는 꼭 많이 낳겠다고 다짐했다. 그런 내 다짐에 남편은 매우 당황스러워했다. 결혼도 싫다던 도도하던 여자가 결혼이라는 결정을 하고는 아이를 셋씩이나 낳고 싶다는 말에 고개를

절레절레 저었다. 사실은 나도 그런 내가 웃겼고, 당황스러워하는 남편이 이해됐다.

  갑상선암이 나에게 남기고 간 여러 고통과 사유의 시간이 가족에 대한 애착과 중요성을 올려준 것 같다. 다행인지 불행인지 모를 결혼이라는 새로운 인생이 시작됨과 동시에 나는 세 명의 아이들 태명부터 지었다. 나도 그런 내가 신기했지만, 그렇게 우리 가족에 대한 그림을 차근히 그려가고 싶었던 것 같다. 내가 원하니까 계획대로 모든 것이 잘될 거라는 생각과 말이다.

유산 후 난임 병원에서 자연임신까지

어느 날 임신 테스트기의 두 줄을 보았다. 역시 계획대로 잘 되고 있다는 생각과 함께 떨리는 마음으로 찾은 산부인과에서는 피 수치는 임신이지만, 아기집이 보여야 할 시기인데 보이지 않는다고 했다. 자궁 외 임신이 의심되니 큰 병원으로 가보라는 제안을 받았다.

맙소사. 임신이면 임신이지 자궁 외 임신은 또 모람. 들어본 적도 없는 이벤트가 생겼구나 싶었다. 큰 병원에서 검사를 받아보니 나팔관에 착상이 되어 그곳에서 자라고 있는 것을 확인했다. 머릿속에는 온갖 시나리오들이 펼쳐졌다. 그 착상된 아이를 떼어 자궁에 넣어주면 되지 않나? 그럼 잘 자라겠지. 위치만 바꿔주면 되는 거 아닌가? 라고 말도 안 되는 상상을 할 만큼 그 상황을 받아들이기가 쉽지 않았다.

나팔관은 머리카락 정도의 굵기라고 한다. 그래서 나팔관에 착상된 아이가 지금은 고작 몇 mm에 불과하지만, 점차 커지며 나팔관도 늘어나게 될 것이고, 그와 동시에 터지게 될 수도 있다고. 그렇게 될 경우, 최악의 경우는 산모가 사망에도 이를 수 있다는 병원의 소견이었다. 의사 선생님은 나팔관을 잘라내는 것을 제안해 주셨지만, 혼자서 열심히 공부하고 찾아낸 다른 방법인 MTX 주사를 맞겠다고 했다.

MTX 주사는 약물 주입을 통해 착상된 아기를 녹이는 것이다. 생애 첫 임신인데, 두 개뿐인 나팔관 한쪽을 잘라내는 것은 괜히 억울하고 아쉬웠다. 차라리 내가 조금 더 힘들더라도 위험을 감수하고서라도 나팔관 한쪽을 지키고 싶었달까.

의사 선생님은 차가 한강대교로 못 건너면 성수대교로 건너도 된다고. 그러니 나팔관 한쪽 없다고 임신이 안되는 것은 아니라고 애써 나팔관 절제술을 권하셨지만, 나는 확률을 줄이는 시도보다 약물 주입을 원했다.

왜 그렇게 무모하고도 겁이 없었는지 모르겠다. 하지만 나는 내 생각을 굽히지 않았다. 결국 의사 선생님은 나의 의견대로 MTX 주사를 진행해 보자고 하셨고, 대신 심하게 아프면 무조건 구급차를 타고 오라고 신신당부하셨다.

나는 그렇게 2~3회의 MTX 주사를 맞았다. 마지막 주사를 맞고 나서는 '아 이러다 죽겠구나' 싶게 아픈 복통을 느꼈다. 늦은 새벽 나는 바닥을 기어다녔다. 걸을 수 없을 정도의 고통이었다. 시간이 흘러 자연분만의 고통과 80%정도 비슷한 통증이었던 것 같다.

그 복통이 세포였을 뿐이지만 하나의 생명이었을 나에게 처음 찾아온 아이와의 이별이라 생각하니 통증만큼이나 마음이 아팠고 미안했다.

그렇게 유산이라는 큰 산을 넘고는 난 정신이 이상한 사람처럼 '나만 아기가 없어' '나도 산부인과에 가보고 싶어'라고 중얼거렸다. 그런 나를 보는 남편은 매우 속상해했다. 마침, 그 당시 주변에 많은 지인이 임신 중이거나 출산한 후여서 더 그랬던 것 같다.

임신은 내가 마음만 먹으면 그냥 자연스럽게 쉽게 되는 줄만 알았다. 그런데 마음을 먹어도, 임신이 되어도 그 무엇 하나 평범하지 않았고 어려운 산 같았다. 몇 달이 지나고 새로운 시도를 위해서 남편과 난임병원을 찾았다.

남편과 나 둘 다 기본 검사를 마치고, 나는 나팔관 조영술을 했다. 우리 둘 다 큰 문제가 있지는 않았다. 병원에서는 자연임신을 몇 차례 시도해 본 후, 인공수정이나 시험관시술로 들어가 보자고 했다. 그래서 난임병원에서 정해준 숙제 주간에 한 번의 숙제를 끝내고 진료를 하러 갔다. 나의 배란 상태를 보고는 하루 더 노력해 보라고 했다. 그리고 몇 주 뒤, 두 줄의 임신테스트기를 봤다. 혹시 몰라 산부인과도 5~6주 차쯤 간 것 같다. 떨리는 마음으로 초음파를 봤을 때, 예쁜 아기집이 생겨 있었다.

다행이다. 고맙다. 아가야. 건강하고 소중하게 10개월을 잘 지켜줄게.

그렇게 나는 그토록 원하던 임산부가 되었다.

입덧만 5개월, 행복할 줄 알았지

특별히 가리는 음식 없이 대부분 음식을 잘 먹는 나는 임신 때만큼은 아이가 먹고 싶어 하는 당기는 음식들이 무엇일지 궁금했다. 한편으로는 좋아하던 음식을 못 먹게 되는 현상과 느낌이 궁금하기도 했다.

그런데 그 궁금함도 잠시, 임신 8주쯤부터 술이 떡이 되도록 마신 다음 날 같은 상태가 매일매일 지속되었다. 하루에도 변기와 인사하기를 30~50번쯤은 된 것 같다.

그렇게 고기를 좋아하던 나는 고기가 나오는 TV 화면만 봐도 화장실로 달려갔다. 그리고 내 목구멍이 빠져나갈 만큼 변기에 외쳤다. 이러다 말을 못 하게 되는 것이 아닐까, 곧 내 얼굴이 변기로 들어갈 것 같다, 아 변기 구조가 이랬구나, 언제쯤 구역질은 멈추게 되는 것일까, 변기에 얼굴을 파묻고 들었던 많은 생각이다. 이제는 변기도 '또 왔냐, 고생이다'라고, 말하는 것처럼 느껴질 지경이었다.

먹고 싶은 것도 딱히 없었다. 그토록 좋아했던 고기는 쳐다보고 싶지도 않다니, 참으로 신비롭고 희한한 호르몬과 신체의 변화다.

어느 날 남편과 버섯 샤브샤브집에 갔다. 채소가 들어간 따뜻한 국물이 당겼던 것 같다. 맛있게 먹다가 갑자기 역한 맛에 입을 틀어막았다. 역한 맛의 원인은 함께 나왔던 고기였다. 내가 채소 국물을 열심히 먹는 동안 남편이 묻지도 않고, 샤브샤브 속으로 넣었던 거였다. 남편에게 왜 묻지도 않고 넣었냐고, 더 못 먹겠다고 했더니 '유난스럽게 그러냐'란다. 하 이런. 내가 그저 예민하게 구는 거로 생각하는구나. 이 입덧 지옥을 겪어보지 못한 자에게 아무리 설명해도 알 리가 없었다.

참고로 남편에게 공감을 바라면 늘 나만 속상해지곤 한다. 소위 대문자 T 인간이다. 나는 대문자 F 인간이라 정말, 극과 극이다. 어떤 남편들은 함께 입덧을 겪기도 하고 대신 겪기도 한다는데 이 인간은 공감은 커녕, 무척이나 잘도 먹어댄다. 그래 내가 말을 말자는 생각과 함께 나의 동지 변기에 가게 된다. 오오오오오옥 소리와 함께 변기에 하소연을 해본다.

입덧의 종류는 꽤 많다고 한다. 나처럼 마구 쏟아내는 토덧, 음식을 먹어야 속이 편해지는 먹덧, 특정 냄새에 민감해지는 냄새덧, 침이 많이 나오거나 침을 삼키기 어려워지는 침덧, 양치를 할 때 메스꺼움을 느끼는 양치덧. 나는 이 중, 먹덧을 제외하고는 모두 해당했다. 심지어 샤워할 때, 평소 자주 쓰던 샴푸 냄새에도 계속 역했을 정도였다. 이 또한 지나가겠지, 또 추억이 될거라는 생각과 이렇게 못 먹으니, 살이 덜 찌는 산모일 수 있겠지. (아이는 그동안 내가 먹어둔 것으로도 충분할 테니) 라는 생각이었다. 그렇게 입덧의 세계는 임신 중기까지 이어졌다.

어느 날은 내 변기 친구가 있는 안방 화장실과 나란히 화장실이 붙어있는 옆 라인 주민이 찾아왔다. 혼자 집에 있을 때는 벨소리에도 문을 잘 열지 않았던 터라 직접 만나지는 못했지만, 퇴근하던 남편이 우리 아파트 라인 엘리베이터에서 내리며 이상한 것 같다고 고개를 갸우뚱하며 이야기하는 중년 부부를 봤다고 했다. 추측하기로는 5개월 내내 하루에도 몇십 번씩 화장실에서 돼지 멱따듯 소리를 내니 도대체 뭐 하는 사람인지, 혹시나 맞고 사는 건 아닌지 궁금하고 걱정되어서 혹은 제발 좀 그만하라고 항의하러 오셨었는지도 모르겠다. 그렇다고 추측만으로 그 집에 찾아가 사과하기도 모호했지만, 입덧 기간 내내 옆집에 미안했다. 그렇지만 나도 내 의지대로 조절할 수 있는 것이 아니라 어쩔 수가 없었다.

　참으로 길고도 고되었던 입덧도 때가 되니 소리 없이 지나갔다. 이제는 좀 편해질 수 있겠지.

매일 셀프채혈지옥 임신 당뇨

입덧이 끝나고 뭐라도 먹을 수 있게 되었을 때쯤이 되니 임신 당뇨 검사가 시작되었다. 공포의 검사라고 불리는 임신 당뇨 재검사에 당첨된 나는 엄청 달콤한 약을 먹고는 시간 단위로 3회의 채혈을 했다. 평소 군것질도 좋아하지 않는 나였고, 집안에 당뇨가 있는 분도 없었기에 나는 임신 당뇨는 아닐 거로 생각했다. 그럴 리가 없을 거라고.

그런데 서프라이즈로 임신 당뇨가 확정되었다. 아마도 내 인생에서 '내가 갑상선암이라니'라며 좌절과 절규를 했던 첫 경험 후, 두 번째의 절규였던 것 같다. '내가 임신 당뇨라니, 왜 나야' 처음에는 그냥 슬펐다. 그리고 부정했지만, 어쩔 수 없지. 이미 확정인걸 받아드려야지.

긍정적으로 생각해 보면, 당장 산모와 아이에게 문제가 있는 것이 아니라 임신성 당뇨가 있으니, 아이가 너무 커지지 않도록 미리 예방하고 관리하는 차원인 것이니 오히려 잘되었다. 그리고 남은 임신 기간 과하게 체중이 늘지 않도록 식이도 함께 조절할 수 있으니, 이보다 더 좋을 수가!

하지만 그런 긍정도 밀어낼 만큼 큰 두려움은 매일 4회의 셀프채혈을 해야 한다는 것. 사실 나는 주사만 맞고도 기절하는 주사 쇼크가 있다. 다른 이유가 있다기보다 그냥 소심한 성향이 주삿바늘 앞에서는 극대화된달까.

그래서 건강검진 때만 되면 우리 엄마는 40살이 다 된 딸에게 항상 전화하신다. 채혈 잘한 거 맞냐고. 또 안 쓰러졌냐고. (역시 나도 우리 엄마에게 아직도 아기다) 그런 내가 출산 때까지 매일 하루에 4번씩 채혈을 해야 한다니. 그것도 셀프로! 그래도 두렵지만 아이를 위해서라면 뭐든지 견뎌낼 수 있다고 생각했다.

임신 당뇨 산모에게 혈당수치 관리가 매우 중요하기 때문에 눈뜨자 마자 한번, 아침 식사 후, 점심 후, 저녁 식사 후 총 4번의 채혈 후 수치를 기록한다. 채소, 단백질, 탄수화물 순으로 먹기를 권하고, 많은 양의 탄수화물과 당분은 철저히 먹지 않도록 지키는 것이 좋다. 그렇지 않으면 혈당 스파이크로 기준치의 몇 배가 튀고, 아이가 점점 비대해질 수 있다. 그래서 먹는 것도 중요하고, 식후에는 반드시 움직이며 혈당을 튀지 않도록 조절하는 것을 필수로 한다. 그리고 2주의 한 번씩 대학병원에 가서 선생님에게 기록한 임신 당뇨관리 일지를 제출한다. 숙제 검사 받듯이 먹은 것들과 혈당수치를 검사받는다.

그 덕분에 저당 식당도 찾아다니고 맛있지만, 당이 튀지 않는 것들을 나름의 노하우로 깨닫게 된다. 그리고 만삭까지 7kg 정도 쪘다. 물론 반전은 임신 초기부터 몸무게가 많이 나갔다는 사실. 그래도 시작점도 무게가 많이 나갔는데, 끝도 기하급수적으로 늘지 않아 그 얼마나 다행인가. 임신 당뇨야 고마워. 너의 덕분에 나의 건강도, 아이의 건강도 잘 지킬 수 있었어.

만삭, 지금이 제일 편한 때라고?

임신하기 전에는 임산부 배려석에 대해 아무런 생각을 해본 적이 없었다. 막연히 배려해야 한다고 생각은 했지만, 임신 전에는 내가 주저앉도록 힘들 때면 '앉으면 안 될까' 고민이 되었던 순간도 있었다.

임신하고 막달이 되어 배가 점차 불러오며 변화된 내 몸이 적응되지 않고, 허리며 다리며 모든 것들이 내 맘같지 않았던 때가 왔다. 걸을 때도 먹을 때도 잠을 잘 때도 모든 것이 쉽지 않았다. 주차한 후 예전의 내 몸을 생각하고 충분히 지나가겠다 싶었던 기둥과 차 사이에 배가 걸려 지나가지 못하는 일이 빈번해졌다.

그래도 늘 씩씩하게 혈당조절과 순산을 위해 걷기를 좋아했던 나는 대중교통을 자주 이용했다. 대중교통을 이용하며 참 많은 경험들로 감정이 요동쳤던 것 같다. 버스나 지하철에 탑승하면, 일부러 임산부석 앞에 서게 되는 것은 아니지만 어쩌다 임산부석 앞에 섰을 때 이미 임산부석에 앉아 있는 사람과 눈이 마주치면 참 다양한 반응들이 있다.

1. 깜짝 놀라며, 정말 미안하다고 자리에서 벌떡 일어나며 어서 앉으라고 하는 사람
2. 가만히 앉아서 앉으실래요?라고, 묻는 사람
3. 갑자기 나를 보고는 눈을 질끈 감고 잠을 청하는 사람
4. 나를 노려보며 엉덩이를 앞으로 쭉 빼고는 다리를 꼬고 앉아 마치 어쩌라고 하는 표정으로 일관하는 사람
5. 핸드폰만 보느라 관심 없는 사람

이런 반응들 외에도 많지만, 내 경험상으로는 대략 5가지 유형이었다. 내가 임산부가 되기 전에는 1~2번이 일반적일 것으로 생각했다. 하지만 3~5번의 경험이 적지 않게 있었다. 문제는 나는 그 어느 때도 그 자리에 앉고 싶어서 요청한 적도 없다. 왜냐하면 나는 2~3정거장 정도를 이동하는 경우가 많았기에 자리를 양보받기를 원했던 적이 없기 때문이다. 단지 그쪽에 우연히 서게 되었을 뿐.

그래서 3번과 5번의 경우는 당연히 그럴 수 있다고 생각한다. 누구나 나의 지금 컨디션, 내가 지금 고민하고 몰입해 있는 것들이 가장 중요한 것이니 다른 사람에게 관심이 없는 것이 당연하다. 그렇지만 4번의 경우는, 왠지 내가 죄라도 지은 사람이 된 것처럼 억울한 감정까지 들게 했다.

출산을 약 10일 정도 앞둔 때의 경험이다. 동네에 바람도 쐴 겸 걷기도 할 겸 버스에 올라탔다. 그런데 마침 탑승자가 많은 버스였고 앞쪽 기둥을 잡고 서 있었다. 몇 정거장 지나 내릴 예정이었기에 임산부석에 앉은 사람이 누구인지 신경도 쓰고 있지 않았는데, 덩치가 큰 중년 아저씨가 갑자기 나를 노려보며 다리를 쭉 뻗었다. 좁게 서 있던 내 발을 밀다시피 했는데, 자리가 불편할 수도 있으니 그럴 수도 있겠다 생각했다. 그런데 계속해서 나를 위아래로 훑어보는 시선이 점점 불편해졌지만, 곧 내릴 예정이었기에 창밖을 보며 서 있었다.

그러던 중 갑자기 누군가 톡톡 내 어깨를 쳤다. 버스에 탑승할 때, 제일 뒷자리에 앉아 있었던 분이었다. 사람이 많은 버스였지만, 내가 탑승할 때 눈이 한번 마주쳤던 분이었기에 기억했다. 그분이 뒤쪽 멀리 앉아 있으시던 자리에 본인 가방을 놓으시고는 "많이 힘드시죠? 저기 뒤쪽에 가방 두었어요. 저기 가서 앉으세요."라고 해주셨다. 당황스럽기도 했지만, 감사한 마음에

맡아주신 자리에 덜컥 앉았는데 갑자기 나도 모르게 눈물이 터져버렸다. 서럽게 울었던 것 같다.

양보해 주신 마음이 감사했고, 내심 임산부석에 앉아서 내가 잘못이라도 한 듯 버스에 탑승한 내내 나를 노려보던 그 아저씨 시선이 나도 꽤 신경 쓰이고 불편했나 보다. 나에게 자리를 양보해 주신 분은 그 아저씨 앞에 서서 내가 받았던 시선처럼 그 아저씨에게 따가운 눈빛으로 서서 가셨다. 그리고 내 옆에 앉아 있으시던 분들이 "괜찮아요? 아이고 힘들죠. 힘내요."라고 해주셨다. 잠시나마 앉아 오던 버스 안에서 따뜻함과 감사함에 마음이 차올랐다. 아직 정말 살만한 세상이라는 생각과 함께.

임산부에 대한 배려가 당연하다기 보다는 서로에게 관심을 가지고 아주 작은 용기와 도움이 누군가에게는 하루를 살아내는 원동력이 될 수도 있겠다는 것을 느낀 경험들이었다. 그래서 내가 받은 도움만큼 다른 사람들에게 도움을 줄 수 있기를 원하는 마음으로 살게 되는 것 같다.

그렇게 나는 점차 엄마가 되어갔다. 그래서 빨리 아이를 만나고 싶었다. 매일매일 무거워지는 몸으로 나는 점점 뒤뚱뒤뚱 걷게 되었다. 편하게 걸으라고 남편이 사준 새 운동화를 신고 혼자 산책하던 골목길에 발을 헛디뎌 넘어진 날이 있었다. 앞으로 넘어지며 배가 땅에 닿았는데, 찰나에 본능적으로 배를 지키려고 온 팔로 아스팔트를 밀어내며 배의 충격을 줄이려 노력했다. 평소 운동신경이 좋지 않은 나였지만, 그 순간만큼은 어떻게든 내 배를 보호하기 위해 내 몸을 던졌다. 내 팔과 무릎에는 피가 흘렀지만, 넘어진 순간 오로지 관심은 뱃속 아이가 괜찮은지였다. 울면서 산부인과로 달려갔다. 다행히 아이는 아무 문제가 없었다. 아이만 괜찮다면, 내 상처쯤은 아무것도 아니었다.

빨리 아이가 세상 밖으로 나와 우리 가족이 행복한 시간을 보낼 수 있겠다는 생각이 매일의 나를 설레게 했다.

사실은 아이를 낳으면 내 몸도 가벼워지고 금방 회복될 테니까. 지금 임신기간보다는 더 낫겠다고 막연히 생각했다. 더 솔직히는 그만 뒤뚱거리며 걷고 싶었고, 잠도 편하게, 먹고 싶은 것도 마구 먹고 싶었다.

하지만 이미 출산을 겪은 육아 선배들은 하나같이 '출산하면 편할 것 같지? 지금이 제일 편할 때야. 출산 전에 즐겨'라고 했다. 그런 말을 들을 때면, 내가 얼마나 힘든 임신 과정을 임신당뇨와 함께 겪고 있는데, 잘 알지도 못하면서라고 속으로 생각했다. 엄마라면 당연히 빨리 아기가 만나고 싶은 거 아냐?라고 생각했던 초보 엄마는 앞으로 다가올 미래를 알지 못한 채 출산 날만을 기다렸다.

빨리 나와라. 엄마가 기다린다. 어서 만나자고 매일매일 뱃속 아이에게 이야기했다.

　많은 육아 선배들이 만삭인 지금이 제일 편할 때라고 하지만, 나는 아니라는 것을 꼭 보여주겠다는 비장한 다짐을 하듯, 어디 두고 보라는 생각을 한 듯 말이다. 며칠 뒤 당신의 미래는 과연?

　엄마가 된다는 건, 단단해지려 애쓰는 일이 아니라 내가 얼마나 불완전한 존재인지 인정하는 일이었다. 혼자 견디려 하지 않아도 된다는 것, 도움을 요청하고 기댈 수 있어야 한다는 걸, 그때 비로소 알게 됐다. 우리는 종종 임신과 출산을 '참아야 하는 것', '견뎌야 하는 것'으로만 여긴다. 하지만 그 안에는 말하지 못한 수많은 감정이 있고, 그 감정은 표현해도 되는 것들이었다. 엄마가 되어가는 길은, 완벽해지려는 여정이 아니라 불완전함을 받아들이고, 서로 기대는 법을 배우는 과정이었다.

내 골반에 날뛰는 고라니, 자연분만

임신 당뇨였던 나는 아이가 많이 커질 수도 있기에 임신 39주 차에는 출산해야 했다. 제왕이냐 자연분만이냐로 많은 산모가 고민하지만 나는 고민의 여지 없이 처음부터 자연분만이었다.

어린 시절부터 골반이 컸던 나는 괜히 자신감이 있었던 것 같다. 그리고 자연분만은 '똥구멍으로 수박이 나오는 것 같다', '트럭이 몸을 밟고 지나간 것 같다'라는 우스갯소리들이 정말 그럴지 궁금하기도 했기에 내가 직접 경험해보고 싶었다. 도대체 어떤 고통과 느낌이길래 그런 거지? 라는 호기심과 궁금증이 컸다. 그리고 약간의 모성애를 보태서는 자연분만으로 출산하면 아이에게도 더 좋다는 이야기들이 영향을 주었다. 그래서 나의 선택은 처음부터 끝까지 쭈욱 자연분만이었다.

그 고통 한번, 자연의 힘 한번 겪어보지 뭐 라는 마음이랄까. 임신 중기부터는 아이가 하늘을 보고 있지 않고, 잘 돌 수 있도록 매일 아침 30분 이상씩 꾸준히 요가를 했다. 출산할 때 호흡이 중요하다고 하니까 요가로 심신의 안정과 호흡을 잡기 위해 나름의 연습을 하는 과정이었다. 왜 그런지 모르지만, 그냥 자신감이 있었다. 예전 직장 동료 언니의 표현에 의하면 돌고래 낳듯 힘을 주니 아이가 뿅하고 나왔다는 것처럼 나도 그럴 것 같았다.

하지만 어려서부터 엄마의 말을 유난히 잘 듣고 따르는 모범생이었던 나는 "넌 겁이 많아서 안 돼. 아마 나처럼 제왕절개 수술을 하게 될거야."라는 말이 아니라는 것을 꼭 증명하고 싶었다.

사실은 마음 한편으로는 늘 그렇듯 엄마 말처럼 되겠구나 싶으면서도 다른 한편으로는 내가 졸보 겁쟁이는 맞지만, 나도 엄마의 아기이기는 하지만, 나도 곧 엄마가 될 강한 의지의 예비엄마임을, 엄마 말이 때론 틀릴 수도 있음을 꼭 보여주고 싶었다.

39주 차 4일에 유도분만 날짜를 잡아 아이와의 만날 날을 기다렸다. 아침 7시에 산부인과에 도착해서 인생 첫 내진을 하고는 맙소사 자연분만할 수 있을까? 하는 첫 번째 의심이 시작되었다. 의도적으로 양수를 찢으신 것 같은 간호사 선생님은 '어머 산모님 양수가 살짝 새고 있었네요'라고 말씀하셨지만, 버억 하고 찢김을 느낀 나는 '그래 이렇게라도 해서 오늘 아이를 만날 수 있다면 뭐'라는 생각으로 다음 스텝을 기다렸다.

    잠시 후, 8시쯤부터 유도분만제가 투입되었다. 시간이 조금 흘러도 진척이 없었다. 오후 1시쯤부터 본격 진통이 시작되었다. '와 너무 아픈데 언젠가 느껴본 고통이다. 언제더라. 아! 이 고통은 바로 자궁 외 임신 때 MTX 주사를 맞고 느꼈던 그 죽을 것 같았던 바로 그 고통이다! 이제 막 시작된 고통이 그때 고통과 같다면. 와 다음은 뭐지? 자연분만할 수 있을까?' 속으로 별별 생각과 추측이 마구 떠올랐다. 이런 생각과 함께 나는 한 마리 짐승이 되어 포효하고 있었다. 이 고통을 몇 시간 더 겪어야 하는 거지?

    간호사 선생님이 오셔서 내진하셨다. 이 상태라면 오늘 못 낳을 수도 있다고. 제왕절개를 해야 할 수도 있다고! 그 고통 속에서도 나는 '수술이라니! 안돼- 난 할 수 있어. 자연분만 가자- ' 도대체 어디에서 온 자연분만 자신감일까. 왜 이토록 무모하고도 도전적인 걸까. 어쩌면 고통을 갈구하는 변태적 성향을 지닌 사람인지도 모르겠다 싶었다. 다시 내진했을 때, 자궁문이 4cm

정도 열렸다고 했다.

　내가 힘을 준다고 더 열리는 것도 아니고, 참으로 임신도 출산도 소망과 의지만으로 되지 않는 신의 영역인듯하다. 잠시 해탈한 척을 해본다 '그래, 다 뜻이 있는 곳에 길이 있겠지. 출산의 고통도 다 지나가겠지' 그렇게 별별 오만가지 생각들과 함께 좌약을 넣었을 때는 내 의지와 다르게 장이 비워지는 그 느낌은 참으로 인간은 하찮은 존재임을 실감한다. 내가 이렇게 약에 지배당해 똥꼬에 힘도 제대로 주지 못하는 인간이라니 잠시 자책해 본다. 하지만 이어질 자연분만의 생생한 현장에 비하면 코를 푸는 수준의 아주 작은 에피소드일 뿐.

　본격적으로 자궁문이 6cm 정도 열리면서 무통 주사를 놓아준다. 척추에 바늘을 꽂아 통증을 줄여주기 때문에 무통 천국이라고 한다는데, 나는 '이게 천국이라고? 아픈데?'라는 생각이 들었다. 그래도 진짜 통증보다는 줄여준 거겠지. 이제 정말 힘주기 연습을 한다고 하며 침대가 트랜스포머 변신하듯 철커덕 철커덕 변신한다.

　힘주기 연습의 시작은 "산모님 누워서 개구리 다리 하듯 양다리를 몸쪽으로 당기시면서, 통증이 시작될 때 똥 싸듯이 힘을 주세요."라고 한다. 통증이 주기적으로 왔다가 다시 가고, 다시 오기 때문에 통증이 시작할 때, 있는 힘껏 누워있는 개구리가 되어 힘을 주어 똥을 싸라는데, 난 누워서 똥을 싸본 적이 없는걸.

몇 차례 힘주기 연습을 했지만, 와 이거 너무 아프다. 내 골반 속에 커다란 고라니 한 마리가 '나 골반에 껴있으니 나 좀 빼주시오. 펄떡펄떡' 온몸으로 발차기하는 것 같았다. 내가 임신을 한 건지 고라니를 삼킨 건지 모를 일이다.

일단 어떻게든 빨리 힘주고 내 몸의 고라니를 빼내야 끝나는 출산이라는 게임.

어떻게든 해보자고 혼자 마음먹어본다. 하지만 땀이 많은 나는 개구리 자세로 잡은 양쪽 허벅지가 자꾸 미끄러지고, 힘을 주자니 내 맘같지 않고, 이건 완전히 미쳐버릴 노릇이다. 이제 제왕절개를 해달라고 하자니 지금까지 느낀 통증의 시간이 너무 아깝다. 내가 제대로 힘을 못 주니 간호사 선생님이 말씀하신다.

"산모님, 이렇게 좋은 골반으로 힘을 못 주시면 어떡해요. 해보자고요. 우리!"

결국 고라니를 품은 포효하는 개구리는 제대로 힘주기를 하지 못해 간호사 선생님이 배 위로 올라가 마구 푸쉬해 주셨다. 출산 과정을 함께한 남편은 아이가 나오기 임박했을 때에 뒤돌아 있으라는 의사 선생님의 이야기에 등으로 나를 응원했다. 출산 후 남편의 후기는 소리만으로도 너무 잔인하다는 생각이 들었다고 한다. 그리고 무서웠다고.

마지막 힘주기를 했을 때 나는 으아아악 못 하겠어요. 살려주세요. 라고 소리 질렀고, 그와 동시에 우리 아이가 세상에 나왔다. 시간은 오후 6시.

신기하게도 고통이 감쪽같이 사라졌다. 그리고 공허해진 내 자궁 아래로 이어진 후 처치는 서걱서걱 소리와 함께 추위를 선사했다. 오래전 친한 언니가 그랬다. 자연분만하고는 누군가 김장을 척척 담그는 느낌이라고. 정말 그랬다.

아기가 빠져나간 자궁문을 후 처치하는 그 기분은 김장배추에 양념을 척척 묻히듯 정말 유쾌하지는 않고, 내가 지금 뭘 한 거지라는 공허함이 몰려오는 시간이었다.

그렇게 내 몸뚱아리는 품고 있던 아이를 세상 밖으로 내보낸 뒤, 공허해진 자궁만이 피가 철철 흐르는 고깃덩어리처럼 덩그러니 놓여 있었다.

오줌싸개가 되어버린 산모님

 출산 후, 출혈이 계속되었던 나는 소변줄을 꽂고 있었다. 소변줄을 꽂았는지 느낌도 들지 않을 만큼 앉기조차 쉽지 않았다. 도넛 방석은 나의 필수품. 걸을 때만큼은 어기적 어기적, 앉을 때만큼은 어정쩡. 아래쪽에 커다란 혹이 나 있는 것 같은 느낌이랄까.

 더욱 놀라운 것은 몸무게. 아니 어쩜 아이 몸무게만 쏙 내려가는 거지? 양수도 있고, 피도 빠져나갔을 텐데 정확히 3.36kg만 빠졌다. 참으로 미스터리다. 그렇다면 나머지는 다 내 살이란 건가. 암담하다. 그리고 아이가 뱃속에서 나오고 나면 배도 쏙 들어가는 줄 알았는데 늘어난 자궁만큼 처진 뱃살은 아직 임신 중이라고 해도 믿을 만큼 축 늘어져 있었다. 게다가 출산 과정에서 힘을 잘 주지 못하는 나를 도와주셨던 간호사님의 배 위에서의 격한 누름으로 배는 피멍이 들어있었다. 그리고 출산 후 온몸은 땡땡 부어있고 그냥 내 몸 상태는 만신창이였다. 산부인과에서 나온 식사조차 돌을 씹는 것처럼 아무 맛도 느껴지지 않고, 그냥 삶의 의욕이 사라진 느낌이었다.

나와 한 몸으로 10개월을 함께한 아이를 보러 가고 싶고, 궁금했던 나는 소변줄을 빼자마자 침대에서 벌떡 일어났다. 그런데 나도 모르게 다리를 흐르는 따뜻한 무엇이 있었고, 힘을 주어 조절할 수조차 없었다. 병실은 순식간에 나의 오줌 바다가 되었다. 남편과 눈이 마주쳤고, 민망했지만 엉거주춤하게 서 있던 산모님은 애써 눈길을 피해 어기적거리며 화장실로 들어가 버렸다.

남편은 노란 바다가 된 병실 바닥을 말없이 닦아냈다. 그리고 나는 그렇게 몇 번 더 병실을 오줌으로 색칠했다. 그때마다 말없이 처리해 주던 남편이 든든했고 고마웠다. 그리고 우리는 그렇게 진정한 동지가 되기 시작했다.

출산 후, 몇 주만 지나면 금방 돌아올 줄 알았던 나의 소변 조절 근육은 몇 개월이 흘러도 쉽게 회복되지 않았다. 심하게 재채기나 기침을 할 때면, 사람들과 이야기하다 박장대소할 때면,

내 의지와 상관없이 실수하게 되는 일이 많았다. 어려서도 침대에 지도 그린 일이 없는데, 이젠 40살이 다 되어서 공공장소에서 직장에서 소변을 가리지도 못하는 오줌싸개가 되어버렸다. 그래서 화장실에 미리미리 자주자주 가는 습관이 생겼다.

출산하고 나면, 빠른 회복이 될 거라 생각했지만 생물학적인 내 신체 나이를 고려하지 못했던 것 같다. 아이의 탄생과 기쁨만큼이나 내 몸은 고통과 고생의 과정을 겪어냈으니, 회복의 시간도 충분히 필요했을 텐데, 고장 난 소변 근육만 탓하며 도넛방석을 찾아 헤매고 있으니. 앞으로의 과정이 참으로 험난하고 어려울 것을 복선처럼 알려주는 것만 같다. 이래서 출산 전이 편하다고 하는 건가?

작은 생명을 보고 밀려온
죄책감과 두려움

솔직히 고백하자면, 나는 출산 후 몇 달간 내 귓속에서 심한 욕이 환청처럼 들렸다. 평소 내가 들어본 적도 없고, 알지 못했던 그런 욕들이 귀에 계속 들렸다. 누군가 옆에 있나 깜짝 놀라 돌아본 일도 많을 정도로 생생하게 귓가에 심한 욕이 들렸다. 아마도 자연분만으로 출산하는 과정에서 나름의 스트레스와 고통이 있었기 때문인듯하다. 그리고 출산과 동시에 고장 나버린 것 같은 내 신체 상태도 한몫하지 않았을까.

출산 후, 아이를 만나면 '어머 이런 천사가 나에게 오다니'라며 감격과 기쁨과 함께 모성애가 자연스레 뿜어져 나오는 것인 줄 알았다. 아니 그래야만 할 것 같았다. 하지만 예쁘다는 생각은 전혀 들지 않았고, 그런 생각이 들지 않는 내가 이상한 사람 같았다.

그리고 그런 아이를 보고 있노라니 죄책감이 몰려왔다. '지금 내가 무슨 일을 저지른 거지? 그토록 원하던 임신과 출산의 과정을 거쳐 만난 소중한 아이인데, 내가 잘 키울 수 있을지, 좋은 엄마가 될 수 있을지, 무엇을 어떻게 해야 할지 무서웠고 막막했고 다시 되돌리고 싶었다.

그런데 아이를 낳는 순간 그 모든 것은 내 의지대로 되돌릴 수 있는 것이 하나도 없었다. 일도, 사람도, 결혼도 마음에 들지 않는다면 그만두면 그만이지만, 아이를 출산한 순간 우리는 공동 운명체가 되어버리고 말았다.

'아 나 이제 어떡하지'라는 생각에 두려움이 내 가슴을 답답하게 만들었다. 숨쉬기도 쉽지 않았고, 갓 태어난 아이를 신생아실 유리 벽 너머 보고 있자니 한없이 미안했다. 나만 믿고 이 세상에 찾아와주고, 세상 밖으로 나와줬는데, 엄마라는 사람은 죄책감과 두려움에 사로잡혀서는 작고 소중한 생명을 예쁨과 감격으로 바라봐주지 못하고 있으니 말이다.

도대체 다른 엄마들은 이런 상황에 어떤 마음이었을까? 나만 이런 걸까? 알고 보니 나는 정신적으로 문제가 있고, 모성애가 없는 여자인 거라면 이 아이는 내가 어떻게 키워내지? 이렇게 내가 저지른 일도 책임지지 못하는 무책임한 사람이었던 건가? 시간을 되돌릴 수 있다면 돌리고 싶다. 나 정말 큰 사고를 치고야 말았구나. 라는 부정적 생각에 사로잡혀 마음이 복잡했다.

누군가 했던 말이 떠올랐다. 처음에는 낯설고 두려움으로 시작하지만, 점차 강해지는 것이 엄마라고. 나는 아직 처음이니까 낯설기에 죄책감으로, 막연하기에 두려움으로 시작하는 걸 거라고 스스로 되뇌며 나를 위로하고 토닥였다. 처음부터 잘하는 사람이 어디 있어. 하다 보면 잘하게 될 거라고 애써 의연한 척을 해보는 나였다. 그럼에도 불안이 나를 100% 감쌌지만, 이 또한 지나가겠지.

그래도 모자동실 때가 되면 다 뜨지도 못한 눈으로도 엄마 목소리를 듣고 반응하는 아이를 보며 신비로움과 함께 크나큰 책임감이 몰려온다. 나만을 믿고 이 세상에 와준 복덩이 아이에게 그 모든 것을 주어도 아깝지 않을 것 같았다. 안으면 부서질 듯 작디작고 가볍디가벼운 이 아이를 애지중지 키워내겠다는 다짐과 함께 말이다.

2박 3일의 산부인과 생활을 마치고 퇴원하던 날. 아이의 손가락, 발가락, 몸의 특이한 부분 등을 설명해 주셨는데, 생선 가시 같이 가늘고 작은 아이의 손가락 발가락을 보고는 눈물이 왈칵 쏟아졌다. 너무 작고 소중해서 그리고 무서워서. 태어나 처음으로 진짜 세상 밖으로 내 품에 안겨 나가기 직전의 비장함이 생겼다. 엄마가 지켜 줄께.

　차로 10분 거리 산후조리원으로 갈 예정이지만 10년처럼 느껴질 만큼 소중히 끌어안고 조심조심 갈게.

바쁘다 바빠 쉴 틈 없는 조리원 14일

조리원은 천국이라는 이야기에 입소와 동시에 호캉스처럼 즐길 수 있을 거로 생각했다. 역시 초보 엄마라 아무것도 몰랐다. 조리원 생활이 본격 육아 전, 천국인 것은 맞지만 그렇다고 여유로움과 휴식을 누릴 수 있는 것은 아니다. 내가 느낀 조리원은 천국보다는 초보 엄마 육아 훈련소랄까. 조금 더 과장을 보태면 스파르타 육아 트레이닝 같은 느낌도 있다.

2시간마다 유축

출산 후부터 조금씩 돌게 되는 젖을 2시간마다 유축기로 유축해 주어야 원활하게 점차 모유가 늘어난다. 처음에는 나오지 않더라도 2시간마다 꾸준히 해줘야 한다는 것이 핵심이다. 그리고 그렇게 조금씩 나온 초유를 1~2방울이라도 소중히 모아서 냉장고에 보관해 두었다가 분유에 타서 먹인다. 초유에는 아미노산과 항체를 포함한 단백질이 보통의 모유보다 3배가량 더 많으므로 아이의 면역력을 높이는데 도움이 된다고 한다. 그래서 1~2방울조차 끌어모아 작디작은 입속으로 전달하고 싶어진다. 그래서 더 열심히 알람까지 맞춰놓고 2시간에 한 번씩 열심히 유축을 한다.

하루 30분 가슴 마사지

내가 있었던 산후조리원에는 원장님이 직접 매일 가슴마사지를 해 주셨다. 젖이 잘 돌 수 있도록, 젖몸살이 나지 않도록 잘 풀어낼 수 있도록 가슴마사지를 해 주신다. 나의 경우는 가슴 크기에 비해 촘촘하게 발달한 유선조직으로 젖이 잘 뭉치고 양이 많아 원장님이 꽤 고생하셨다.

그리고 가슴 마사지 때마다 모유 분수 쇼가 펼쳐졌다. 마치 한여름 놀이공원 분수장에서 노래와 함께 펼쳐지는 한편의 쇼타임처럼 말이다. 사실 가슴 마사지를 받는 나도 무척 아팠지만, 이게 뭔가 싶어서 웃기기도 했다. 내가 어쩌다 젖이 충만한 엄마가 되기 위해 이렇게 가슴 마사지까지 받고 있나 싶어지는 순간이었다.

매일 전신 마사지

절대 빼놓을 수 없는! 필수 신청, 결제가 필요한 전신 마사지다. 나는 하루 2시간씩 매일 받았다. 그 결과 산후조리원 퇴소 때에 임신 시작 때의 몸무게로 돌아올 수 있었다. 사실 몸무게보다 더 중요했던, 나의 지친 심신의 안정과 피로회복이었기 때문에 뜨끈한 마사지 침대에서 받는 마사지는 그야말로 천국이었다. 높은 금액으로 결제를 망설이던 순간이 후회될 만큼 산후조리원에서의 매일 마사지는 아주 잘한 선택이자 소비였다.

모자동실

솔직히 제일 기다려지면서도 무서운 시간이었다. 모자동실로 아이가 올 때면, 침대에 눕힌 아이를 가만히 바라만 본다. 어쩔 줄을 몰라서 쩔쩔매는 초보 엄마는 아이가 울기라도 하면 발을 동동 구른다. 기저귀에 쉬를 해서 기저귀선이 파랗게 변하면 호기롭게 기저귀를 갈아보겠다고 시도해 봤다가 앙상하고 작은 아이 다리를 제대로 만지지도 못하고 신생아실 선생님 호출을 한다. 응가라도 한 날에는 아주 비상이라도 걸린 듯 방문을 열어젖히고는 소리친다. '똥 쌌어요! 도와주세요' 지금 생각해 보면 정말 귀여웠던 초보 엄마였다.

모유 수유

내가 머물렀던 산후조리원은 프라이빗함을 추구하다 보니 개인 방에서 개별적으로 수유 교육이 이루어졌다. 그래서 다른 육아 동지들을 만날 기회가 없다. 코로나가 기승이던 시기라 일부러 프라이빗한 조리원을 선택했었다.

유축을 하는 2시간 간격처럼 아이도 내 방으로 2시간마다 모유 수유를 위해 온다. 모유 수유를 한 후 부족한 양은 내가 짜낸 소량의 모유와 분유를 합쳐 신생아실에서 선생님이 보충해 주시는 방식이다. 그런데 모유를 하는 자세도 방법도 초보인 엄마에게는 모든 것이 어렵고 낯설다.

선생님이 자세와 방법을 잡아 주실 때까지만 해도 평화롭던 아이는 선생님이 문을 닫고 방문을 나서는 순간부터 얼굴이 빨개지도록 운다. 수유 쿠션 위에 놓인 작디작은 아이를 어쩌지도 못한 채. 저 멀리 떨어져 있는 전화기로 신생아실 선생님을 부르고 싶지만, 내 방문을 열고 도와달라고 소리치고 싶지만 내 무릎 위 수유 쿠션 위에 누워 얼굴이 터져라 우는 아이를 어떻게 달래고 옮겨야 할지 모르는 초보 엄마는 땀을 뻘뻘 흘리며 '아가야 왜 그래. 울지마. 제발. 엄마가 미안해.'라며 나도 운다.

그러면 내 혼이 나갈 때쯤 신생아실 선생님이 슈퍼맨처럼 등장하셔서 아이를 달래고 내 멘탈도 어루만져주신다. 배는 고픈데 어딘가 어정쩡한 엄마의 자세와 대처에 아이도 얼마나 답답했을까 싶어 미안해지고, 이러다 난 아이 밥도 제대로 못 주는 바보 엄마가 되는 것은 아닐까? 한없이 자책하게 된다.

그렇게 길고 긴 모유 수유 전쟁이 끝나고 아이가 신생아실로 돌아가면, 몰아치는 자책감으로 우울감에 빠져 쭈구리가 되고야 만다. 그러면 잠시 뒤 맛있는 식사 시간이 돌아온다. 산후조리원의 밥은 정말 맛도 있지만, 차려져 나오는 비주얼도 멋지다. 그래서 기분이 좋아진다. 허겁지겁 밥을 먹는다.

모유 수유 전쟁을 치르고 빠진 힘을 밥으로 챙겨본다. 밥을 먹고 나면 다시 유축의 시간이 돌아오고, 유축이 끝나면 아이와의 모유 수유시간이 다가온다. 이렇게 오늘도 산후조리원의 하루가 쉴 새 없이 지나간다.

새벽 수유

자연분만 욕심만큼이나 꼭 하고 싶었던 모유 수유였기에, 새벽에도 2시간 간격으로 수유호출을 받아 아이와 함께 모유 수유 전쟁을 치른다. 새벽에는 잠을 푹 자면서 쉴 법도 한데 그렇게 해야만 조금이라도 더 노력하는 엄마가 될 수 있다는 강박에 사로잡혔던 것 같다.

　누굴 위한 새벽 수유냐고 묻는다면, 그때는 당연히 아이를 위해서죠 라고 말했을지 몰라도, 지금 생각해 보면 그저 나의 욕심이었던 것 같다. 그래도 그렇게 새벽에 아가와 여러 번 더 보고, 서로의 호흡과 연습을 통해 엄마와 딸의 케미를 맞춰온 것이 아닐까. 그래서 인지 다시 돌아가도 나는 새벽 수유를 할 것 같다. 내 성격이 나의 쉼을 택하지는 않을 것을 알기에.

　이렇게 조리원 생활이 조금은 익숙해질 때쯤, 14일이 지나 퇴소 시기가 돌아왔다. 신생아실에서 제일 끝 칸 막내 자리였던 우리 아가는 어느새 시간이 지나 1등 형님 자리에 배치 되어있다. (산후조리원 신생아실에는 아이의 입소 순서에 따라 누워있다. 시간이 지나며 점차 끝자리로 옮겨간다)

　퇴소 전날 아이 목욕 방법을 교육해 주셨는데, 조리원에 있는 동안 선생님이 그렇게 씻겨 주신 줄도 몰랐던 나는 '우와 이걸 어떻게 하지? 당장 내일부터?'라는 막막함과 두려움이 먹구름처럼 몰려왔다. 조리원에 한 주 더 있고 싶다는 생각과 함께. '아가야, 우리 이제 내일이면 집으로 가는데 괜찮겠지? 엄마, 잘할 수 있겠지?' 그래 어떻게든 되겠지. 라고 애써 몰려오는 고민을 외면하는 초보 엄마다.

진짜 육아 시작, 집으로

    14일간의 천국인 듯 초보 엄마 훈련소인 듯한 시간을 지나서 날 것 그대로의 육아의 때가 오고야 말았다. 아이의 모든 순간을 직접 맞이하고 오롯이 남편과 나만이 헤쳐 나가야 하는 바로 그때가 말이다. 우리는 그 어느 때보다 설레었지만 사실은 더 많이 비장했고 긴장되었으리라.

    둘이 나섰던 우리 집은 어느새 세 사람이 되어 돌아왔고, 벅차오름과 함께 아이에게 우리의 공간을 소개했다. 잔뜩 꾸며 놓은 방과 거실을 가득 채운 우리 아가의 용품들을, 아이를 품에 안은 채 설명했다. 그 기쁨도 잠시, 우는 아이를 안고는 커다란 성인 둘이 쩔쩔매는 시간이 시작되었다.

'오줌을 쌌나? 배가 고픈가? 더운가? 졸리는가? 왜 울지? 어디가 아픈가? 기분이 안 좋아졌나?' 초보 엄마와 초보 아빠는 온갖 추측을 해보며 아기 고객님이 필요하신 것을 찾기 위해 고군분투하기 시작한다.

하지만 이것은 시작에 불과했다. 기저귀 가는 것조차 제대로 해 본 적 없는 우리는 조그만 아기의 기저귀를 벗기는 일부터 난관에 부딪힌다. 작은 몸이 아프기라도 할까? 조심조심 정성스럽게도 움직인다. 그 정성이 넘치다 못해 슬로우 모션처럼 느리기까지 하니, 아이는 엄청나게도 답답했을 거다. 얼마나 답답했으면 신경질 나는 울음으로 기저귀 갈기 초보자들에게 강하게 컴플레인을 하는 아기 고객님이다. 고객님 조금만 기다려 주시면, 만족스러운 서비스로 보답해 드릴게요.

그렇게 우당탕 아빠와 엄마와 아이가 한집에 모인 첫날 낮시간이 지나 어두운 밤이 찾아왔다. 하루가 어떻게 지나갔는지도 모르게 바깥은 깜깜하게 변해 있었다. 산후조리원에서 교육해 준 아이 목욕 영상을 찍어두었던 것을 남편과 몇 번이고 돌려보며, 씻기는 물과 헹굼물을 온도계로 정확한 온도에 딱 맞추어 준비한다.

3.39kg의 솜털처럼 가벼운 아이가 물에라도 빠질세라 조심조심 손가락 하나, 발가락 하나 정성스레 닦는다. 귀에 물이 한

방울이라도 들어갈까, 놀라지나 않을까? 어른의 4개 손이 바삐 움직이며 긴장의 끈을 놓지 못한다. 그 찰나의 목욕 시간이 왜 그리도 길게 느껴졌을까.

  목욕 시간이 끝나면, 이제 다음 관문이 남았다. 손수건으로 물기를 닦아드린 뒤, 조심스레 기저귀 갈이대에 눕혀 구석구석 로션을 꼼꼼하게 발라드리고, 새 옷을 입혀드려야 한다. 이것도 난관이다. 기저귀를 겨우 채우고는 팔과 다리를 어렵사리 조심스레 끼우고는 단추를 잠근다.

  휴, 아빠와 엄마는 땀으로 범벅이 된다. 집으로 온 첫날이니 조리원에서처럼 겉싸개를 해야 하는데 자꾸만 풀려버려서 계속해서 주물럭거리면 이리저리 끼워본다. 뭐 하나 쉬운 게 없는 단독 육아 1일 차다.

  때 되면 모유 수유하러 방에 아이를 데려와 주시고, 모유 수유 후 부족한 양은 분유로 타서 먹여 주시고 했던 조리원이 이래서 천국인 거구나 싶은 순간이다.

  모유 수유도 어찌저찌하고는 분유를 타보려는데 도대체 물양은 얼마나 해야 하는지, 분유는 어느 정도 넣어야 하는지 그저 어렵기만 하다. 조리원에 있는 동안 분유를 타본 적도 없고, 그저 타다 주신 것을 아이 입에 물려나 봤지. 아는 것이 한 개도 없구나 싶어 앞으로 갈 길이 구만리겠구나 싶다. 배고프다고 우는 아이를 뒤로하고 또 성인 둘이 분유통 설명서와 분유 포트를 뚫어버릴 기세로 열심히 들여다본다. 물과 분유를 넣고 흔들어 아이 입에 물리니 잘 먹는 듯하다 울고 먹지 않는다. 어딘가 불편하신 모양이다. 도대체 어디가 어떻게 불편한지 말로 해주면 좋은데, 알 방법이 없어 젖병 각도를 이리저리, 분유 먹는 아이 자세를 이리저리, 분유 먹이는 사람을 바꿔본다. 여러 시도 끝에 아이의 불편함은 쉬를 해서 기저귀를 갈아달라는 거였다.

모르니 더 헤매고, 헤매니 아이도 오죽 답답할까. '아니, 그거 말고, 아니 그거 말고, 아니. 나 쉬했다고'라고 얼마나 말하고 싶었을까? 척하면 척하고 해결해 주는 부모가 될 수 있을까? 아이와 케미를 맞추다 보면 언젠가는 맞춰지기는 하는 거겠지? 라고 좌절감과 희망 회로 어디쯤에 머물게 된다.

집으로 온 첫날의 밤을 맞이하며, 앞으로가 더 걱정되기 시작한다. 더 큰 걱정은 당장 내일부터 남편은 회사 출근, 나는 육아 출근이다. 내일 폭우가 내리고 폭풍이 휘몰아쳐서 남편이 회사에 안 가게 되었으면 좋겠다는 생각이 들 만큼 너무너무 걱정되는 내일이다. 일단 오늘 하루부터 잘 보내 보기로 다짐한다.

남편도 나도 눈꺼풀이 내려오도록 피곤이 몰려오는 밤, 거실에 아기침대를 두고는 소파와 바닥에 누워 상시 대기한다. 길면 1시간 간격으로 자다 깨는 아가가 울면 누구든 일어나서 아이를 안고 달래 줘야 한다. 첫날 밤이기에 역할 분배도 없이 아이가 울면 둘 다 벌떡 일어나 아이를 달래고 기저귀를 체크한다.

잠시 누워서 잠에 드는 순간 아이가 깨는 기가 막히게 신기한 타이밍이다. '엄마, 아빠 자는 거야? 안돼 일어나'라고 말하는 것만 같다. 또 우는 아이를 그대로 두면 새벽 시간에 동네 주민들에게 피해를 드리는 것 같아 더 빨리 아이를 안아 달래게 된다.

눈꺼풀이 계속 내려오지만, 나도 남편도 잠을 잘 수 없었다. 정말 피곤이 내 몸을 감싸안을 정도로 몸이 흘러내리는 느낌이랄까. 더 무서운 것은 오늘 하루로 끝날 일이 아니라는 사실이다. 이제 시작이라는 충격적인 현실 인식. 와 어떡하지. 잠시 눈을 감으니, 내 앞날의 깜깜함 같았다.

임신도 출산도 어느 것 하나 쉽지 않았지만, 앞으로 하게 될 육아는 더 쉽지 않겠구나. 역시 만삭 때가 제일 편한 게 맞았다. 육아 선배들의 말이 틀린 게 하나 없구나.

그래도 엄마와 아빠를 선택하고, 우리 품에 와준 소중하고 귀한 우리 아가는 지금 세상 밖으로 나와 낯선 세상에 적응하고, 온몸이 아프도록 매 순간순간 성장하고 있을 텐데.

커다랗고 무서울 세상에 너의 든든한 지지자가 여기 있다고, 걱정하지 말라고 더 큰 책임감과 사랑으로 지켜주겠노라고 마음으로 아이와 약속한다. 그렇게 우리는 어설픈 육아를 시작하며 마음만은 새내기 부모가 되기 시작하는 첫날 밤을 보낸다.

  우리 셋이 함께 그려갈 앞으로가 걱정보다는 기대로, 불안보다는 희망으로 말이다.

당신의 선택이 곧 정답

  자연분만이든 제왕절개든, 빠른 임신이든 오래 기다린 임신이든 모두 소중해요. 출산에는 정답이 없으니까요. 다른 사람의 경험은 참고일 뿐, 기준이 될 수 없어요. 흔히 말하는 '좋은 선택'은 없어요. 오직 당신의 몸과 마음이 말해준 결정이야말로 가장 현명하고, 가장 소중한 길이라는 사실을 잊지 말아요.

제2장

육아는
계획대로
되지 않는다

밤새 보초를 서는 육아는 전투다

 실전 육아 1일 차를 지나 나 혼자 맞이하는 하루가 시작된다. 남편은 회사로 떠나고 아이와 둘이 남은 집에는 묘한 긴장감이 흐른다. 셋이 되어 함께 보낸 첫날 밤에 잠을 제대로 이루지 못해서 쏟아지는 잠에도 아이에게 더욱더 만족스럽고 좋은 서비스를 맞춤으로 제공하기 위해 손가락 끝까지 촉각을 곤두세우고 있는 새내기 엄마다.
 어쩌다 아이가 울기라도 하면 발을 동동 구르면서도 알다가도 모를 울음소리를 혼자서 이리저리 분석한다. 축적된 경험의 울음소리 데이터가 없어서 분석해 봐야 나오는 정답은 당연히 없지만, 조금이라도 아이가 필요한 것을 빨리 알아채고 불편을 해소해 주고 싶다.

누워만 있는 아이인데도 무언가를 계속해 줘야 할 것 같고, 말이라도 계속 걸어야 할 것만 같고, 잠시도 혼자 두어서는 안 될 것 같아 화장실도 참고, 내 밥도 챙겨 먹지 않고 아이 옆만 지킨다. 나는 먹지 않아도 1~2시간 간격의 우리 아이 모유 수유와 분유 먹이기는 기록까지 해가며 꼼꼼하게 챙긴다. 심지어 소변도 대변도 시간마다 하나하나 기록한다. 그렇게 아이의 기록들로 조금씩 아이의 패턴을 알아가려 노력하는 중이다.

어제도 밤새 보초를 섰지만, 낮 시간 보초도 계속된다. 아직 신생아라 낮잠도 자주 자기 때문에 아이가 잘 때 같이 자면 참 좋겠다. 하지만 아이가 왜 우는지, 어떻게 하면 아이가 덜 울 수 있게 도와줄 수 있을지 등의 육아 공부를 미리 하지 못한 나는, 아이가 자는 동안 아이를 안고는 핸드폰으로 정보를 열심히 찾는다. 그제야 여러 경우의 수와 방법들을 수집하고는 '아 이제 나도 잠시 눈을 붙여볼까?' 하는 순간 '앙~' 소리와 함께 깨는 아이.

왜 자꾸 아이가 낮잠을 잘 때는 찾고 싶은 정보가 많은 걸까. 그리고 어느 정도 찾았다. 이제 자야지 하는 순간 아이는 기가 막히게 일어나는 걸까? 참 미스터리하다.

더 미스터리한 것은 매번 '다음 낮잠 타임에는 찾고 싶은 것이 있어도 참고, 아이랑 같이 자야지'라고 다짐해 놓고는 왜 또 같은 실수를 반복하고 또 반복하는 걸까? 더 놀라운 것은 이 실수인 듯 실수 아닌 미스터리한 일을 아이가 36개월이 가까이 되어가는 지금까지 반복하고 있다는 사실. 역시 사람은 안 변한다. 그래도 어떡하랴. 찾고 싶은 것이 많은 엄마인 것을. 이게 그냥 나인 것을.

그렇게 눈 한번 제대로 붙이지 못하고 뜬 눈으로 아이를 돌보다 넋이 나갈 때쯤 지원군 남편이 돌아온다. 내가 오늘 얼마나 긴장하며 힘들었는지 들어주면 좋겠지만, 그렇게 말할 힘도 없는 나는 무표정으로 오늘의 고군분투 사실을 알린다.

그런 전투에 참전한 나보다는 오로지 사랑스러운 딸의 존재에 온 마음을 빼앗긴 남편 놈. 그래 너도 직장에서 고생했을 테니 애썼다 싶지만 내가 더 힘들었을 것 같다고 마음속으로 계산하게 된다. 남편도 어젯밤 제대로 잠을 못 자고 출근해서 일했으니 얼마나 힘들었을까 싶다.

하지만 나는 오늘 하루 종일 화장실도 못 가고 밥은커녕 물도 제대로 못 마셨는걸. 회사에 가서는 피곤을 짊어진 채로 업무했겠지만, 때 되면 밥도 먹고 화장실도 가고 커피도 마시고 했겠지. 갑자기 억울함이 몰려온다. 그래도 오늘 밤도 소파에 쪼그리고 앉아 보초를 서며 긴장의 시간을 보내야 하기에 그 마음을 꿀꺽 삼켜낸다.

 남편과 아이 목욕을 씻기고 저녁 잠재울 준비를 한다. 그래도 낮에 혼자 하던 것보다는 훨씬 든든하고, 비교적 수월하다. 적어도 같이 고민하고 같이 우당탕할 수 있어서 전우애가 생겨나기 시작한다.

 그렇지만 둘 다 잠이 부족하다 보니, 모든 말투와 행동에 날이 서 있다. 서로가 더 힘들다고 말하고 싶은 것처럼 말이다. 새벽에도 1~2시간 간격으로 깨어나 우는 아이를 돌보는 것도 누가 몇 번 더 일어났는지 계산하며 서운하고 싸움이 되어갔다. 누군가 피곤함에 취해 아이 울음소리에 일어나지 못하면, 세상 큰 잘못이라도 한 것처럼 잡아먹을 듯 으르렁거린다. 그 누구도 얻는 것 하나 없는 상처 내기 싸움이 시작된다. 육아라는 전투에 나가 동지끼리 결투를 신청하는 것처럼.

 전투에서는 전략이 중요한데, 우리의 전략은 일단 서열 정리부터 하고 보자는 듯이 말이다. 그래서 험난한 앞으로가 더 걱정되어 간다.

 우리 이대로 잘 해낼 수 있을까?

아름다운 모유 수유 대신 젖소의 삶

자연분만 다음으로 꼭 하고 싶었던 것은 완모. 그러니까 완전 모유 수유였다.

아이와 직접 교감하며, 나의 노력으로 좋은 맘마를 줄 수 있다는 것이 엄마로서의 가장 큰 행복일 것으로 생각했다. 희망적인 생각과는 달리 완모의 길은 멀고도 험했다. 아이와 호흡을 맞추는 첫 과정이기도 했던 모유 수유는 아이가 선호하는 자세, 엄마가 편한 자세, 물리는 방법, 물리는 시간 등 모든 것들을 아우르는 노력이 필요했다. 젖이 뭉쳐 잘 나오지 않기라도 할 때는 아이는 얼굴이 고구마처럼 빨개지도록 운다. 그럼, 아이가 울음을 그칠 수 있도록 재빨리 뭉쳐낸 것을 풀어내어 다시 물리거나, 미리 유축해둔 모유를 젖병에 담아 먹이거나, 분유를 타서 먹이거나 여러 가지 방법으로 상황을 해결해야 한다.

그런 여러 방법의 시도와 노력으로 분유 없이 완전 모유만 먹을 수 있는 길로 들어서게 된다. 그 길로 들어서기까지 엄마는 아이를 위한다는 마음 하나로 '나는 한 마리 젖소다'라고 받아들여야 한다.

그 험난한 길은 유축부터 시작한다. 우선 젖이 마르지 않고 계속 잘 돌 수 있도록 2시간마다 유축을 해준다. 그리고 아직 신생아라 위가 작은 아이에게 2~3시간마다 젖을 물린다. 그리고 아이가 부족했을 용량을 미리 유축해둔 모유로 보충해 준다. 모유를 담은 젖병을 아이가 다 먹으면 젖병이라는 설거지도 쌓인다. 2시간마다 유축을 하고, 유축 후 1시간 정도면 직수(=직접 수유 = 직접 젖을 물리는 것) 시간, 잠시 뒤 또 유축, 직수, 유축, 직수, 유축, 직수.

한두 텀 정도 유축이나 직수를 쉬어 가고 싶어질 때쯤, 규칙적인 유축으로 젖이 원활하게 돌다 보니 빵빵해진 젖소의 젖은 뚝뚝뚝 흐르다 못해 수유 속옷을 흠뻑 적신다. 마치 수도꼭지를 틀어 놓은 것처럼.

예전에는 사 먹는 우유에 대한 아무 생각이 없었지만, 아이를 낳고 인간 젖소가 되어보니 새삼 지금껏 내 평생 맛있는 우유를 제공해 준 젖소가 참 고달픈 생을 살았겠구나, 그리고 고맙다는 마음이 든다. 그래도 젖소는 사람이 짜주기라도 하지. 인간 젖소는 직접 유축도 해, 직접 물리기도 해. 때맞춰 유축을 못하면 흘러 넘치기에 시간을 맞춰 규칙적으로 관리해야 한다. 어떤 날은 잠시 유축을 잊고, 외출했다가 티셔츠가 다 젖어서 빨리 집으로 돌아온 적이 있다.

출산 전에는 모유 수유는 아름다운 것, 엄마의 마음을 직접 전하는 탁월한 선택이라는 말만 들었지 이토록 젖소 그 자체, 아니 젖소보다 더 아날로그적인 과정이 있다는 것은 아무도 알려주지 않았다.

그리고 유축을 하고 난 후, 다시 젖이 차오를 때 찡 혹은 찌릿한 느낌이 마치 두통처럼 유쾌하지 않다. 그런데 그런 느낌이 하루에 적어도 20~30번은 든다. 육아하며 시간이 좀 지나다 보니 아이의 울음소리만 들어도 젖이 핑 돌면서 찌릿한 느낌이 느껴지기도 한다.

그 유쾌하지 않은 느낌에도 나의 온 마음을 다해 무엇이든 주고 싶은 엄마의 마음 하나로 나는 10개월 완모를 했다. 워낙 잘 뭉치는 가슴이라 아이와의 씨름 과정이 있었지만, 그것을 조금이라도 해결하고 더 좋은 유질의 모유를 먹이기 위해 주기적인 출장 가슴 마사지도 받으며 꾸준히 관리했다.

그런 노력으로 아이와 나의 환상의 호흡을 만들었다.
그리고 인간 젖소는 10개월의 임무를 다했다.

기저귀 가는 것이 무서운 초보 엄마

　엄마 뱃속에서 나와 생후 30일까지를 신생아 그러니까 갓난아기라 한다. 아기도 세상이라는 커다란 우주에 나와 온 세상의 빛과 중력을 느끼며 열심히 적응하고 살아내느라 그리고 성장하느라 힘든 시간을 보낸다.

　작디작은 몸이 자라기 위해 온몸이 부서져라 아파서 아이는 계속해서 운다는 이야기를 들었던 적이 있다. 그런 아이만큼이나 육아라는 거대한 우주를 하루아침에 맞이한 나도 엄마라는 역할의 신생아 시기이기에 모든 것이 새롭지만 사실은 어렵고 무섭고 버거워 매 순간 울고 싶다.

　그렇지만 이 거대한 세상에 엄마라는 존재만 믿고 찾아와준 핏덩이 같은 아이 앞에서 무너질 수 없는 엄마는 새로운 매일매일의 도전을 헤쳐나간다. 마치 매일매일 육아 퀘스트를 깨듯, 익숙하고 만만해지는 구간이 없다. 하루하루 난이도는 점점 올라간다.

산후조리원에서는 기저귀 가는 일이 세상 무서웠고, 이것도 못 하는 내가 무슨 엄마가 될 수 있겠느냐고 자책했었다. 그런데 집에서의 실전 육아를 하다 보니 어정쩡하고 어설프던 기저귀 갈기는 하루에 10번 이상의 반복과 훈련으로 점점 방법을 터득하고, 익숙해진다. 매번 기저귀 갈 때 긴장이 되지만 시간과 노력과 경험이 쌓이니 어떻게든 해내고 있는 초보 엄마였다.

똥을 닦아야 할 때도 세면대에 아이를 안아 들고 물로 씻기는 그 시간이 내 발에 쥐가 나고 겨드랑이 땀이 터질 듯한 긴장의 상황이다. 하지만 아이가 다치지 않는 것과 깨끗하게 씻기는 것 두 가지 목표만 생각하며 그 목표를 달성해내고야 만다. 그런 노하우가 쌓여 세면대가 있다면 어디서든 아이를 한 손으로 척 안아 들고 깨끗하고 완벽하게 닦아냈다. 그리고 태어났을 때보다 3배의 몸무게가 된 두 돌이 될 때까지도 세면대에 아이를 한 손으로 안아 순식간에 VIP 비데 서비스를 제공했다.

생선 가시처럼 작고 귀여운 아이의 손톱과 발톱을 처음 봤을 때 '어머, 이렇게 작은 손에도 손톱이 있다니. 어쩜 이렇게 작지.

귀여워'라는 감탄과 함께 '이 작은 손톱을 어떻게 잘라야하지?' 라는 궁금증과 걱정이 생겼다. 아기용 손톱깎이는 실을 자르는 가위처럼 매우 작다. 아이가 잘 때 몰래 손을 잡고 색종이를 자르듯 조심스럽게 조각 예술을 한다. 아이가 깰까 봐 걱정, 작은 손가락에 상처를 내게 될까 걱정, 제대로 잘리지 않아 날카로운 손톱에 아이가 긁힐까 봐 걱정, 그렇게 잘라야 할 것이 한 개가 아니라 열 개라 걱정, 그냥 손톱깎이라는 미션에 걱정이 한가득이다.

아이의 손톱은 정말 자주 그리고 빨리 자란다. 비장하고도 야심 차게 아이의 손톱을 잘라야 하는 날에는 온 촉각을 곤두세워 남편은 핸드폰 후레쉬를 비추고, 나는 수술을 집도하는 의사가 된 양 떨리는 손으로 아기 손톱깎이 가위를 쥔다. 너무 바짝 손톱을 깎아 손끝 살이 빨개진 날에는 세상이 무너질 듯 자책을 한다. 나는 모자라고 나쁜 엄마야 라며, 아이에게 연신 사과하며 나 홀로 슬픔에 빠진다.

또 날카롭게 잘린 손톱 끝으로 아이 스스로 얼굴을 긁어 상처가 난 날에는 못난 엄마를 용서하라며 훌쩍였다. 그러다 아이의 손톱도 단단하고 커지면서 나의 손톱 자르기 스킬도 단단하고, 발전되어간다. 그냥 내가 부족한 것이 아니라 처음 해보기에 모르는 것이 당연했던 거였다.

처음에는 두려움과 자책으로 시작했던 육아의 모든 것들이 자격도 타고난 스킬도 아니고 그저 해야 하니까 하다 보니 하루하루가 차곡차곡 쌓여 자연스레 내 아이에 가장 적합하고도 특화된 방법으로 맞추어 어떻게든 해내고 있었다. 그렇게 초보 엄마의 경력이 쌓여가는 경험을 했다.

누구나 완벽이라는 것의 정의는 다르겠지만, 완벽하지는 않아도 아이를 위해 온 마음을 다해 최선을 다하고 우리 아이에게 넘치는 사랑과 최고 좋은 것만 주고 싶은 마음만큼은 완벽 그 자체이지 않을까.

아마도 나의 아이를 바라보는 따뜻한 사랑의 눈빛만큼은 우주에서 가장 크고도 완벽한 에너지일 것이다. 새로운 우주를 탄생시키고, 그 어마어마한 미션들을 수행하고 광활한 우주로 확장해 나가는 오늘의 엄마.

엄마라는 역할의 신생아 시기를 겪어내고 무럭무럭 자라 위대함으로 가는 멋진 여정일 것이다.

그렇게 어제보다 더 나은 멋진 엄마로 거듭나고 있는 세상 모든 엄마들을 응원한다.

육아 동지가 있다는 든든함

아이가 약 50일 정도 되었을 무렵, 거실에 덩그러니 앉아 아이를 끌어안고 모유 수유 전쟁을 치르고 있는데 너무 막막하고 외롭고 공허했다. 이 세상에 나와 비슷한 시기에 임신과 출산 과정을 거쳐, 지금쯤 육아의 혼란에 빠진 사람은 없을까? 하는 궁금증이 들었다. 비슷한 상황에서 같이 이야기하고 고민을 나눌 수 있는 사람이 있으면 좋겠다고 생각했다. 프라이빗했던 산후조리원을 선택했던 탓에 조리원 동기도 없었던 나는 소통할 동지가 필요했다.

임신과 출산 기간 동안 자주 정보를 얻었던 맘카페에 들어가 혹시나 하는 마음으로 내가 사는 동네 육아 동지라는 검색어를 입력했다. 정말 신기하게도 우리 집과 가까운 곳에 비슷한 시기 아이를 낳은 사람의 글이 있었다. 댓글에는 저도 근처에 살고, 출산한 지 얼마 되지 않았다는 몇몇 글이 있었다. 반가운 마음에 나도 댓글을 달았다. 그렇게 자연스레 오픈 카톡방으로 이야기를 나누었다.

서로 가까운 거리에 살았고, 아이들도 2~3개월 정도 차이가 나서 비슷한 시기 비슷한 고민을 가지고 있는 엄마들이었다. 카톡으로 서로의 고민과 상황들을 나누다 동네 백화점에서 아이와 함께 만나기로 했다. 아기띠로 아이를 안고 기저귀와 손수건 등 필요한 짐들을 잔뜩 챙겨 긴장 반 기대 반으로 백화점 만남의 장소로 파워 워킹했다.

워낙 의심이 많은 나였기에 아직 작고 어린아이를 안고 모르는 사람들을 만난다는 것이 걱정스럽기도 했다. 혹시나 위험한 상황이 생기지는 않을지, 이상한 사람들은 아닐지, 수많은 걱정을 안은 채 만난 엄마 5명은 나의 걱정이 무색할 만큼 인상도 좋고, 편안했다. 우리 아이와 비슷한 시기에 태어난 아이들을 보니 왠지 모를 안도감도 들었다. 그렇게 만난 우리는 고된 육아 여정의 든든한 동지로 끈끈해졌다.

거의 매일 아이와 만났다. 카페에 모여 이야기하는 날도 있었고, 서로의 집에 초대해 공동육아를 하며 하루를 보내는 날도 있었다. 어떤 날은 저녁 시간에 아이를 재우고 남편들에게 보초를 서게 한 채 엄마들의 자유시간을 즐기기도 했다. 아이와 잠시도 떨어진 시간이 없었던 나에게 동네 육아 동지들과의 저녁 자유시간은 신세계였다. 또 어떤 날은 저녁에 잠시 만나 서로 사용하고 있거나 새로 산 기저귀나 아이템들을 나눠 주기도 하고, 육아로 지친 하루를 서로 달래 주며 동네 아이스크림 가게에 들어가 폭풍 같은 수다를 떨기도 했다. 그렇게 우리는 서로 공감하고 위로하며 단단해졌다.

고된 육아지만 함께 잘 가고 있고, 해내고 있다는 생각으로 큰 의지가 되었다. 5명으로 시작된 우리 육아 동지들은 점차 늘어 10명이 넘는 동지들로 채워졌다. 육아하며 겪게 되는 고충과 시행착오들은 셀 수도 없을 만큼 참 많다. 그런 사소한 것들을 육아 동지방에 이야기하면 심적으로 해소되는 경우도 많았고, 실제 도움이 필요한 것들은 서로 적극적으로 도왔다.

갑자기 아이가 아픈 때에는 서로 빠르게 갈 수 있는 병원을 찾고 연락해 주고 늦은 시간에 약이 없을 때는 직접 가져다 주고, 그렇게 함께 아이들을 키웠다.

우연한 만남으로 시작된 우리들의 연은 운명처럼 서로에게 활력이 되었다. 그렇게 우연히 만나게 되면 불편한 일이나 불편한 누군가가 생길 법도 한데 모두 하나같이 열린 마음으로 다가

가고 가까워지고 교감하며 인생을 나누었다.

육아를 통해 만나 연결된 순간부터 지금까지도 가장 많은 일상생활들을 공유하는 찐 육아 동지이자 인생 동반자들이다. 우리의 초보 엄마 시기를 이겨낸 그때 그 시절을 그리워하듯 서로의 지금을 진심으로 응원하는 그런 사이랄까.

그래서인지 오랜만에 만나면 우리들은 저 멀리서부터 돌고래처럼 소리 지르며 두 팔 벌려 달려가 서로를 안아준다. 고되었던 임신부터 출산 그리고 더 고된 육아의 여정을 잘 해내고 있는 서로를 대견해하듯 말이다. 엄마들은 동네 육아 동지가 있어 든든하고 좋고, 우리 아이들도 어려서부터 함께 커온 동네 친구들이 있어 너무 좋다.

혼자라면 더 고되고 우울하고 어려웠을 육아의 과정이 육아 동지 덕분에 즐겁고 행복한 추억들로 채울 수 있었다. 아니 그렇게 지금도 만들어가고 있다.

남자들의 군대 동기에 대한 끈끈함이랑 비슷한 관계이지 않을까. 사실은 군대 동기 이상으로 우리는 더 단단한 연결일지도 모르겠다.

100일의 기적 vs 100일의 기절

미국 작가 그레첸 루빈이 '아이를 키운다는 것 : 하루하루는 길지만 한 해는 짧다'라고 말했다.

산후조리원에서 퇴소 후 집에서부터 아이와 라포를 쌓으며 지나온 매일매일을 보내면서 늘 던졌던 질문은 '언제쯤 익숙하고 노련해질까?'였다. 누군가는 생후 50일쯤 될 무렵이면 조금은 괜찮아질 거라 했고, 누군가는 100일만 되면 기적이 일어날 거라 했다. 과연 진짜 100일의 기적이 일어날지 기대와 설렘으로 손꼽아 기다리게 된 것 같다.

아이와 만들어가는 소중한 하루 24시간은, 사실 240시간처럼 느껴질 만큼 느린 듯 정신없이 또 천천히 지나가는 것 같다.

출근한 남편이 퇴근하고 돌아올 시간만 기다리며, 목이 빠지게 기다리는 느낌이랄까. 그런데 어쩌다 아이를 보면, 아이는 내가 모르는 사이 쑥 자라 있다. 한 손으로도 잡히던 아이의 허벅지는 어느새 한 손으로 잡히지 않을 만큼 커졌고, 생선 가시처럼 작고 가늘었던 아이의 손가락과 발가락은 통통하게 살이 올라 작은 소시지처럼 꼬물꼬물 움직이고 있었다.

매일매일 매 순간 사진을 많이 찍어두라는 육아 선배들의 조언을 잊지 않고, 아이의 모든 순간을, 최선을 다해 사진으로 담았다. 하도 사진을 많이 찍다 보니, 50일도 안 된 아이는 핸드폰만 들면 자신을 찍고 있는지 눈치챌 정도였다.

아이가 50일 정도 되었을 때는 '어느 것 하나 익숙하지 않고, 여전히 어려운데'라는 생각이었다. 그렇게 시간이 흘러 너무도 궁금한 100일이 되었을 때는 여전히 익숙한 것 없이 허덕이고 있는 초보 엄마였지만, 적어도 50일 전보다는 아이가 울면 왜 우는지, 무엇을 도와주어야 하는지 알았고, 기저귀를 갈 때 걱정이 앞서기보다는 조금은 의연하고 자연스럽게 해야 할 일을 해내고 있는 엄마였다.

그렇게 어렵지만 또 엄마니까 해내는 일들이 많아져 더 기적인 100일이 다가왔다. 아이의 수면 패턴이 안정되고 밤에 비교적 길게 잠을 자는 통잠의 시기라기에 진짜 기적이 다가왔음을 직감적으로 알았다.

과연 나에게 통잠 기적의 여신은 와주었을까?

결론은, '통잠이 뭐죠?'

'아이가 통잠을 자면 어떤가요?'

'통잠으로 엄마의 삶이 얼마나 좋아지던가요?'라는 질문을 던지는 나였다.

100일 통잠의 기적은 없었지만, 분리 수면이라는 기적을 이루었고, 통잠까지는 아니어도 한번 잠들면 3~5시간 정도 자는 패턴이 생겨난 것을 보면 나름의 기적이라는 생각이 들었다. 어쩌다 아주 가끔은 기적적으로 저녁 7~8시에 잠들어 다음 날 새벽 4~5시쯤 깨는 일도 있었다. 그런 날이면 왠지 모르게 나의 생체리듬도 꽤 좋아지고 하루 종일 아이에게 더 많이 그리고 자주 생긋생긋 웃어줄 수 있었다.

이제는 저녁잠을 자던 아이가 새벽에 울고 깨도, 비몽사몽인 채로 발을 동동 구르며 심장이 쿵쾅대던 왕초보 엄마의 단계는 조금 벗어났다. 자연스레 아이를 품에 안고 "자다가 깼죠여. 우쭈쭈. 괜찮아~ 엄마 여기있어. 올롤롤로~" 라고 말해주는 여유도 생겼다. 그렇게 점차 왕초보 엄마가 초보 엄마로 진화하는 100일이었다.

그전에는 화장실에 가고 싶어도 아이를 잠시도 혼자 둘 수 없다는 강박관념에 화장실도 참고 가지 않았다면, 이제는 아이를 아기띠로 안고 화장실에 가거나 잠시 화장실 문 앞에 나와 눈이 마주치는 곳에 두고 다녀올 수 있는 마음의 여유가 아주 조금 생겼다.

그렇게 익숙함과 자연스러움이 베어갈 때쯤 항상 누워있던 아이는 뒤집기를 시작했다. 천장만 바라보고 누워있던 아이는 중력을 거스르고 자신의 힘으로 바닥에 배를 대고 목에 힘을 주어 엎드리는 방법을 자연스레 터득하여 무한 뒤집기를 시작했다.

아이가 스스로 뒤집기를 시작하고, 뒤집힌 상체 아래로 깔린 팔을 빼기 위해 노력하는 장면을 보니 정말 인간이야말로 계속해서 진화하고 노력하는 위대함을 가진 동물이라고 생각한다. 이런 인간이 진화하고자 하는 노력은 멋지지만, 현실은 '뒤집기 지옥'이다.

놀라움과 감동으로 시작된 뒤집기는 아이가 되집기 (되집기란, 그러니까 뒤집기 후 스스로 되돌아 뒤집을 수 있는 것을 의미한다)까지 하기 전까지는 옆에서 계속 지켜보고 도와줘야 한다. 자칫 뒤집기를 한 아이가 목에 힘을 잘 주지 못하여 고개를 바닥에 숙인 채 숨을 잘 쉬지 못하는 등의 사고로 이어질 수 있기 때문이다.

바닥에서 놀던 아이를 두고 잠시 장난감들을 정리하거나 핸드폰을 보는 사이 아이의 자세는 뒤집기로 바뀐다. 하지만 아이를 늘 응원하면서도 혹여나 아이가 다치거나 위험하지는 않을지 살피게 된다. 그런 걱정도 잠시, 뒤집기를 시작한 지 며칠 되지 않아 되집기 기술까지 터득했다. 알려주지 않아도 때가 되니 스스로 기술을 연마하는 아이를 보면서 문득 기적에 대해 생각해 본다.

출산 후, 밤낮없는 육아로 수면 패턴과 생체리듬은 깨져갔기에 내 육체는 100일의 기절 그 자체였다. 하지만 그 하루하루가 쌓여 핏덩이 같았던 아이가 조금씩 자라 인간의 기능과 기술을 탑재해 간다는 것이 그야말로 기적이었다. 그리고 무엇보다 평생 겁나기만 할 줄 알았던 육아, 그리고 엄마의 역할이 이제는 아이와 교감과 공감의 시간으로 제법 익숙함과 아주 조금의 여유가 생겼다는 것이 나에게는 가장 큰 기적이었다.

출산 후, 막막함과 두려움과 함께 아이가 예쁜 줄도 모를 만큼 어두운 터널을 어떻게든 걸어왔던 100일의 시간이 지나고 나니 이제는 정말 내가 엄마라는 책임감과 잘 해내고 싶다는 의지가 끓어올랐다.

아이를 아이 방에 재우고 안방으로 돌아온 나는 침대에 누워 자연스레 핸드폰을 꺼내 아이가 태어난 순간부터 100일까지의 사진을 들여다본다. 정말 하루하루는 길고도 험난했고, 빨리 자라라 라는 말을 했었지만, 시간이 지나고 보니 언제 이렇게 컸지, 시간이 정말 빠르다.라고, 생각하게 되는 엄마다.

내일도 아이와 함께할 하루를 소중하고 귀하게 보내는 나이기를 바라며 잠을 청해본다.

똥손 엄마의 이유식 연구소

집안 살림과 요리에 관심도 소질도 없는 나는 주방기기들의 위치가 어디 있는지도 활용은 어떻게 하는지도 잘 모른다. 워낙 꼼꼼하고, 세심하고 야무지게 잘하는 남편이 살림도 요리도 책임져준다. 나는 가끔 전문가 남편이 시키는 일들을 거드는 수준일 뿐.

역시 잘하고 좋아하는 사람이 하는 것이 맞다는 생각을 결혼해서부터 지금까지 하고 있다. 나는 집에 활용할 소품을 사러 가면, '이거 예쁘다'라는 생각으로 어디에 놓을지는 염두 하지 못한 채 구입한다. 정작 구입 후 집에 오면 어디에 어떻게 놓고 활용할지 몰라서 구석에 먼지가 쌓이도록 둔 채, 시간이 지나면

버리게 된다. 혹은 남편이 먼지를 털어내고 활용이 적절한 곳에 기가 막히게 배치한다.

하지만 남편은 구입하는 것들의 사용 계획이 1부터 10까지 다 있다. 예를 들어 집게 6개짜리를 사면, 최근 망가진 부엌 선반 고리를 대체할 것으로 3개를 사용하고, 나머지 2개는 화장실 수건 걸이용으로 사용하고, 남은 하나는 이후에 필요할 때를 대비한 예비용. 이런 식으로 말이다.

대부분의 사람이 물건을 살 때 이런 계획을 세울 수도 있지만, 나의 경우는 정말 즉흥적이고도 계획 없는 사람이기에 남편의 이런 계획적이고도 치밀함에 놀라면서도 멋지다고 생각한다. 남편처럼 계획적으로 해보려 노력해 볼 때도 있지만, 쉽지 않다. 그래서 더 집안 살림에 있어서는 더더욱 남편의 뜻에 따르게 된다.

요리도 마찬가지다. 결혼 전에는 엄마가 차려주는 밥상에 익숙했다면 결혼 후에는 남편 셰프가 차려주는 밥상에 익숙하기에 내가 새로운 요리를 만들거나 밥상을 차린다는 것이 흔치 않은 일이기도 했고, 새로운 도전이 될 만한 분야였다.

그런 내가 생후 6개월쯤이 될 무렵부터 시작되는 이유식만큼은 내 손으로 직접 만들겠다고 하니, 남편은 어리둥절해했다. "요즘 좋은 재료들로 잘 만든 이유식들도 많다던데?"라고 말하면서 말이다.

"그래도 내 아이의 첫 이유식인데, 내 손으로 직접 정성스레 좋은 것들로 만들어서 주고 싶어. 할 수 있는 데까지!"라고, 호기롭게 선언했다. 사실은 첫 이유식은 곱게 갈린 쌀가루를 끓여 먹이는 것으로 시작하기에 그렇게 어려운 일은 아니었다. 하지만 점점 식재료들 하나하나 손질하고 만들고 고도화되어 가기 때문에 남편은 마치 어디까지 하나 보자는 눈빛과 마음으로 신기하게 나를 바라봤다. 이유식 전담 담당자 변경이 필요하면 말하라는 메시지와 함께.

그렇게 살림과 요리는 1도 모르는 똥손 엄마의 이유식 만들기 대장정은 마치 연구소처럼 매일매일 저녁 아이가 잠든 후, 공장처럼 가동되었다. 미음 같은 초기 이유식 시기를 지나 본격적으로 여러 재료의 혼합과 테스트가 필요할 때는 책으로 공부도 해야 했고, 나름의 단계적인 계획표도 필요했다. 그리고 최근 많이들 하는 토핑 이유식 단계로 들어갔을 때는 무농약, 최고급이라는 수식어가 들어간 재료들(애호박, 표고버섯, 브로콜리, 당근 등)을 열심히 찾아 한땀 한땀 깎고 다지고 만들었다. 마치 소꿉놀이하는 소녀가 된 듯 새벽이 되도록 느릿느릿 만들어도 아이가 맛있게 먹어주는 순간만을 기대하며 만들었다.

그렇게 만들어내는 이유식들을 아이가 한입 먹고는 참새처럼 계속해서 입을 벌릴 때 몰려오는 행복감이란 이루 말할 수가 없다. 이런 기분 때문에 우리 엄마가 '살찌니까 적당히 먹어'라고 말하면서도 '엄마가 만든 거는 살 안 찌고 건강한 거니까 많이 먹어, 더 먹어, 계속 먹어'라고 했나 보다.

엄마들의 마음이 그런가보다. 그렇게 아주 조금씩 우리 엄마가 했던 말과 행동들이 어떤 방식으로든 나를 위한 것이었음을 그리고 사랑이었음을 깨닫게 되는 순간들이 점차 늘어났다.

여러 종류의 토핑을 만들어야 했을 때는 아이가 관심 있어 할 색깔을 고려해서 고민하기도 하고, 어떻게든 고객님이 시각적으로도 미각적으로도 만족하실 수 있도록 고민하는 엄마였다.

그리고 또 이때 육아 동지의 존재가 한 번 더 든든하게 다가왔다. 저녁 시간에 아이를 재우고 나서 각자 만든 이유식 토핑 큐브(= 토핑들을 얼음 트레이 같은 곳에 넣어 얼려둔 것)들을 교환하기도 했다.

시간이 흘러 하루에 한 번 먹던 이유식은 두 번으로 세 번으로 늘어났다. 사실 이유식을 먹이는 것은 아이가 맛있게 먹어 줘서 행복하다는 행복함은 아주 잠시의 느낌이고 뿌듯함일 뿐이다.

실제 이유식을 먹이는 과정은 정말 전쟁과 다름없다. 아이가 혼자 숟가락을 들고 처음부터 끝까지 스스로 먹는 것이 아니기 때문이다. 숟가락을 들었다 하더라고 입으로만 가는 것이 아니라 현관 앞까지도 날아가 버리기도 한다. 그래서 이유식 한 끼를 먹일 때면 어딘가 비장하고, 커다란 임무를 수행하는 기분이다.

나는 육아를 하며 내가 완벽해지고 싶구나! 그리고 강박관념이 있구나를 확실하게 깨달았다. 그 이유는 먹는 것에 있어서는 나의 명확한 기준이 있었는데, '정해진 양을 꼭 먹는 것'. 아이지만 '밥상머리 교육이 반드시 필요하다는 것'

그래서 나는 이유식 한 끼를 먹일 때면, 우리 아이 시기에 먹으면 좋다는 평균적인 양을 계량해서 만들어둔 후, 1시간이든 2시간이든 아이가 정량을 다 먹을 때까지 절대로 이유식 타임을 마무리하지 않았다. 내가 생각해도 정말 지독하고, 질리는 엄마였을 것 같다.

하루 한 번의 이유식을, 먹을 때야 1~2시간의 이유식 먹이기 전쟁만 치르면 하루 가장 큰 미션이 끝나는 거였다. 그렇지만 하루 세 번의 이유식을 먹을 때면 아침 2시간 전쟁을 치르고 난 후 치우는데 20분 그리고 바로 모유 수유, 아이랑 조금 놀다 낮잠을 재우고 일어나면 다시 두 번째 이유식이다. 두번째 이유식도 다 먹을 때까지 1~2시간을 그렇게 보내고 또다시 치우고 모유 수유하고 놀다 낮잠 그리고 재정비하고 오늘의 마지막 이유식을 준비한다.

하루의 마지막 이유식을 먹이고 나면 그제야 와 오늘 큰 숙제 끝났다. 이제 정리하고 씻기고 재워야지 하고 아이를 재우고는 내일의 이유식 연구소가 오픈된다.

나는 그렇게 아이가 이유식을 지나 유아식을 먹는 두 돌까지 시판 이유식, 반찬을 사본 적이 없다. 똥손 엄마지만 아이에게 내가 직접 고르고 만든 식재료와 음식을 먹이고 싶어 공부하고 나름의 연구로 꾸준히 아이의 식단을 챙겨왔다. 내가 정말 집요하고도 끈질긴 여자였다는 것을 이유식 시기를 지나면서 새롭게 깨달았다.

내가 절대 대단한 것도 아니고, 그저 나의 욕심과 내 만족이라는 것을 나도 잘 안다. 그렇게라도 노력하는 엄마가 되고 싶은 마음과 아이가 나의 어설픈 사랑과 노력으로 조금이라도 더 건강하게 무럭무럭 자라기를 바라는 마음으로.

그런 내 욕심이다 보니, 아이가 정량의 이유식을 다 먹지 못하는 날에는 속에서 천불이 나듯 화가 나고 나도 모르게 이유식 그릇을 싱크대에 툭 하고 내려놓은 일도 무수히 많았다.

생각해 보면 성인도 그렇듯 아이도 밥이 잘 넘어가지 않는 날이 있을 텐데. 엄마의 강요와 욕심으로 무서운 얼굴을 하고는, 꼭 다 먹으라는 엄마의 뜻대로 따라준 우리 아이가 정말 대단한 것 같다.

아이는 그때 알았을지도 모르겠다. 우리 엄마는 너무 지독해서 이걸 다 먹지 않으면 절대 안 끝날 게임이야 라고.

그렇게 나는 아이의 두 돌까지 3일간의 국, 반찬, 간식도 겹치지 않게끔 직접 만들고 식단표를 짜서 계획했다. 똥손 엄마 연구소의 가동을 멈출 수 없었던 가장 큰 이유는 아이에게 엄마의 요리가 맛있다는 이야기에 힘이 났기 때문이다. 똥손도 아이를 사랑하는 마음으로 극복될 수 있음을 깨닫게 되었다.

그렇게 엄마의 스파르타식 이유식 먹이기 교육으로 자란 아이는 새로운 음식들도 가리지 않고 골고루 잘 먹는 아이로 무럭무럭 성장하고 있다.

인생 8개월에 시작된 어린이집 생활

임신을 한 순간부터 직장 동료이자 육아 대선배인 철규님은 말했다.

"괜찮은 어린이집은 무조건 3월에 입소해야 해요. 아이 낳자마자 예약 대기 걸고, 아이 개월 수 생각하지 말고, 3월 입소만 기억해요!"라고 강조했다.

철규님은 육아의 전 과정에서 육아 단기 속성 과외처럼 핵심만 쏙쏙 짚어 강조해 주는 고마운 귀인이다. (철규님 외에 나의 사랑스럽고도 감사한 동료들에 대해서는 4장에서 더 이야기될 예정이다)

철규님의 3월 입소 Tip으로 나는 우리 집 앞 인기도 평도 좋은 가정어린이집 하나, 집에서 5분 정도 걷지만, 국공립 어린이집 하나를 대기 신청했다. 감사하게도 두 곳 모두 연락이 왔지만, 여러 고민과 철규님의 '집에서 가장 가까운 것이 최고다'라는 조언을 잊지 않고, 집 앞 가정어린이집으로 최종 결정을 했다.

사실 바로 집 앞 어린이집이라는 거리상 장점도 있었지만, 결정에 가장 큰 요인이 되었던 것은 입소 전 아이와 함께 참석한 OT에서의 아이 모습 때문이었다. 처음 가는 낯선 장소, 선생님들 그리고 저녁 잠시간이 훨씬 지났음에도 어린이집 공간을 호기심 있게 살피고 울지도 않는 아이의 모습이었다. 무엇보다 가장 놀라웠던 것은 OT를 진행하시는 원장님의 이야기를 집중해서 들으며 생긋생긋 웃는 아이를 보며, 남편과 "바로 여기다."라고 이야기했다. 역시 인기 있는 어린이집은 다르다는 생각과 함께.

아이를 낳기 전에는 대부분 돌 무렵 전후로 어린이집을 보내는 것이 일반적이겠구나 라고 막연히 생각했다. 하지만 많은 엄마들이 복직, 컨디션, 어린이집 입소 날짜 등 많은 경우의 수가 있어 나처럼 돌 전에 보내는 일이 꽤 많은 것을 알았다. 나 또한 3월 입소가 목표이기도 했지만, 출산 후 10개월 만에 회사로 돌아가려는 계획이었기에 무조건 3월 입소와 적응이 되어야 했다.

다행히도 함께 입소하는 친구들 모두 생후 8~9개월이 되어 또래 친구들이 함께 생활할 수 있었다. 복직을 앞두고, 돌도 되지 않은 아이를 어린이집에 보낸다는 죄책감이 마음 한쪽에 커다랗게 자리했지만, 여러 상황과 분위기가 나에게 괜찮다고 말해주는 것 같아 마음이 아주 조금은 놓였다.

그렇게 우리 아이는 생후 8개월이 되었을 때, 어린이집에 입소하며 인생 첫 사회생활이 시작되었다.

어린이집에 입소하면 보통 어린이집의 적응 기간은 2주~한 달 정도로 잡는다. 아이의 월령에 따라 혹은 성향에 따라 달라지는 경우가 있지만 보통의 경우, 어린이집에서 엄마와 떨어져 낮잠을 시도하기까지 최소 2~3주 정도다.

그런데 우리 아이는 나와 어린이집 문 앞에서 헤어져 어린이집 밥을 먹고, 낮잠을 자는데까지 한 달 반 정도가 걸렸다. 우리 아이뿐 아니라 같은 반 아이들 모두 한 달 반 정도의 기간 동안 적응 기간을 가졌는데, 아이들이 잘 적응을 못해서라기보다 어린이집에서 아이들이 엄마와 충분히 적응하고, 충분한 시간과 여유를 갖기를 바라는 어린이집 차원의 배려였다.

그 덕분에 어린이집에 하루하루 적응하고, 친구들을 통해 하나하나 배우고 교감하는 아이의 모습을 살펴볼 수 있었다. 이유식을 먹던 시기라 만들어간 이유식을 직접 먹이는 시간도 아이가 어린이집에 조금 더 잘 적응할 수 있는 계기가 되었던 것 같다. 무엇보다 가정 어린이집이기에 선생님들이 아이들의 할머니처럼 더 친근하면서도 능수능란하게 돌봐주셔서 아이가 자연스럽게 어린이집에 스며들 수 있었다.

나는 첫 아이이고 어린이집이라는 기관에도 처음 보내다 보니 하나부터 열까지 걱정 또 걱정이었는데, 어린이집 원장님이 그저 믿음이 갔다. 그리고 내가 걱정하는 부분들을 미리 캐치하고 이야기해 주시고, 걱정되는 것을 이야기했을 때 안심이 될 만큼 설명해 주시고 이후에도 신경 써 주시는 세심함이 그저 다 감사하게 느껴졌다. 그래서 인기가 많은 어린이집이구나 느낄 만큼 말이다.

어린이집 적응 기간이 한 달쯤 될 무렵, 엄마와 2시간 정도 떨어진 첫날은 어리둥절, 그리고 며칠 뒤에는 대성통곡을 하며 토까지 했다는 이야기를 들으니 내가 세상 나쁜 엄마가 된 것만큼 속이 상했다. 이대로 아이가 어린이집에 적응하지 못하고, 나 또한 계획된 일정에 복직하지 못하는 상상을 할 만큼 나의 걱정이 눈덩이처럼 불어났다.

그때 원장님의 이야기가 그저 내 마음의 위로가 되었다.

"어머니, 제가 10년 넘게 어린이집 운영해 보면서 느낀 건요. 아이마다 적응 기간이 조금씩 달라서 그렇지 적응 못 하는 아이는 한 명도 없었어요. 그러니까 걱정하지 마세요."

정말 신기하게도 토를 하며 대성통곡했던 우리 아이는 그날

이후로, 어린이집에 아주 잘 적응했다. 어린이집 앞에서 엄마와 헤어질 때도, 어린이집에서 밥을 먹고 낮잠을 자고 놀 때도 씩씩하게 어린이집의 시간을 제대로 즐기는 아이였다. 역시 아이가 걱정이 아니라 내 마음이 걱정덩어리였을 뿐이었다.

그렇게 걱정으로 시작되었던 인생 8개월 차의 우리 아이 어린이집 적응은 살짝 긴 기간이지만 어떻게든 적응하게 되었다. 그리고 나도 복직 전 아이를 어린이집에 보내 놓고, 처음으로 '혼자만의 시간'이 생겼다. 물론 그 혼자만의 시간이 아이 이유식을 만들고 집안 정리 등의 할 일들이 있다. 그리고 그 시간이 어색할 만큼 공허하다고 느꼈지만 아이의 첫 사회생활로 나에게도 마음의 여유가 아주 살짝 생겨남에 아이에게도 어린이집에도 감사한 순간이었다.

그리고 아직 너무 어린아이를 어린이집에 보낸다는 죄책감에 사로잡혔던 그 순간이 완벽히 해소되었다. 어린이집에서 또래 친구들과 어울리며 재미있는 놀이도 하고, 서로 배우는 점들이 많아졌고, 나보다 더 전문적인 선생님들로부터 보살핌을 받으니 어설프고도 때로는 화난 얼굴의 엄마와 하루 종일 붙어있는 일보다는 훨씬 아이에게 좋은 시간이라는 것을 깨달았기 때문이다.

또 또래 아이들끼리는 서로 배우고 터득한다는 말도 체감하게 된 계기가 있다. 생후 8개월 차쯤부터 벽을 잡고 일어서고 조금씩 걷는 연습을 했던 반 친구들을 따라 우리 아가는 집에 와서 가구를 잡고 일어나는 연습을 열심히 했다. 마치 '선생님이 집에서 10번 해오라고 숙제주셨어'라고 말하는 듯, 열심히 일어나고 넘어지는 연습을 한 우리 아이는 돌이 되기 전부터 걸었다.

그리고 같은 반 아이들 모두 돌 전에 걸어 다녔다. 그렇게 서로 보고 학습하고 성장하는 아이들을 보면서 빠른 기관의 입소가 엄마의 죄책감에만 사로 잡힐 일도 전혀 아님을, 그리고 그렇게 일찍 어린이집에 보내는 것이 엄마에게도 아이에게도 더 좋은 선택일 수 있겠다고 생각했다.

아이와 내가 잠시 떨어져 있는 시간을 통해 조금 더 충전하고, 애틋함을 가득 채워 다시 만날 때 더 많이 사랑할 수 있음을 알게 되었다. 그리고 무엇보다 아이는 나보다 더 나은 인간이므로, 나만 잘하면 된다는 사실을 교훈처럼 새겼다.

러시아 출신 문센텐션 엄마

우리 아이는 한 번도 문센 그러니까 문화센터에 가본 적이 없다. 나 역시도 아이와 함께 문센에 가본 경험이 한 번도 없다. 그저 문센에서 어떤 프로그램들이 있고, 어떻게 선생님과 아이와 엄마가 활동하는지를 어렴풋이 들은 정보가 전부일 뿐이다.

그런 정보를 전해준 육아 동지들은 나를 문센텐션 엄마라 불렀다. 그 이유는 나의 텐션이 남달랐기 때문이다. 문센에서는 나와 비슷한 텐션과 에너지로 아이들과 놀아준다는 설명과 함께 말이다.

사실 난 모든 엄마가 나와 같은 문센텐션일 것이라고, 아이는 그렇게 놀아줘야 한다고 막연히 생각했다. 그렇지만 육아 동지들이 나에게 지어준 별명으로 내가 독특하고 유별나지만 특별한 그런 엄마라는 것을 알았다.

곰곰이 생각해 보니 내가 이런 엄마가 된 영향은 두 가지인 것 같다.

첫 번째는 우리 엄마

우리 엄마는 내가 어린 시절부터 칭찬에 굉장히 야박한 사람이었다. 그리고 항상 화가 나 있었다. 그도 그럴 것이, 나보다 3살 어린 남동생과 나를 혼자서 육아하고, 활동적인 남편도 챙기고 양가 부모님도 신경 써야 하는 고달픈 그 시절 여느 엄마의 모습과 크게 다르지 않았다.

워킹맘으로 살아가는 지금의 나를 보며 엄마는 최근 이런 이야기를 많이 한다.

"너도 항상 아기였는데, 동생 챙긴다고 다 큰 애 취급하고 그렇게 쥐잡듯이 잡은 게 너무 미안하다."라고 말이다.

그렇게 나는 태어나면서부터 장녀로서의 역할을 부여받듯 오롯이 적극적 사랑을 받기보다는 눈치가 더 빨라져야만 하는 사명감 같은 것이 있었다. 엄마가 말로 쐐기를 박았다기보다 그냥 살아온 환경과 분위기가 그랬다. 그렇다고 엄마와 아빠가 나를 사랑하지 않거나 나에게 줄 것을 동생에게만 준 것은 아니다.

나의 부모님도 표현이 서툴렀을 뿐 딸을 사랑하는 마음은 그 누구보다 컸으리라.

하지만 나는 늘 서운함과 함께 마음의 공허함이 있었다. 워낙 칭찬에 인색했던 엄마는 내가 시험에 100점을 맞아와도 "시험이 쉬웠나 보네. 자만하지 마. 세상에 잘난 사람은 많아."라고 했다. '아니, 시험문제가 쉽고 안 쉽고를 떠나서, 세상에 잘난 사람이 많고 적고를 떠나서 내가 100점 맞기 위해 노력했던 과정과 그 결과만 보고 고생했다고, 잘했다고 칭찬해 주는 게 그렇게 어려운 일인가?'

피아노를 꽤 오래 쳤던 나는 엄마와 가끔 음악회를 다녔는데, "엄마 방금 저 연주자 살짝 실수했나 봐요. 전문가도 실수할 수 있는 건가 봐요."라고 하면 "조용히해, 잘난척하지 마!"라고 하는 엄마였다. 그런 엄마가 그냥 무서웠지만, 엄마의 살가운 표현과 칭찬이 늘 필요했다.

반대로 우리 아빠는 사랑의 표현뿐 아니라 내가 원하는 모든 것들을 다 채워주는 그야말로 딸 바보다. 아빠는 원래 표현을 잘해주는 사랑 넘치는 분이셔서 엄마에게도 그런 표현이 그리웠던 것 같다.

그래서 엄마에게 애정 표현과 칭찬에 대한 결핍이 여전히 내 속에 있는 것 같다. 그래서 어린 시절부터 더 굳게 다짐했던 것 같다.

'나는 꼭 사랑의 표현과 칭찬과 인정을 넘치다 못해 과하게 하는 엄마가 될거야'라고. (비혼주의자이는 했지만, 그래도 엄마에게 받지 못한 것들을 누군가에게는 꼭 해주고 싶다는 소망이 늘 있었나 보다)

두 번째는 러시아 출신이라는 점

사실 러시아 출신이라는 말에 '러시아에서 태어났나? 러시아 문센을 다녔나?'라고, 생각하는 분들이 계실 수 있겠지만. 나는 러시아에서 연극대학교를 졸업했다. 러시아 국립연극 대학교에서 배우가 되기 위한 여러 학과목을 몸소 4년간 훈련했다. 학교에서 배웠던 과목만으로도 그 훈련의 범위와 강도를 추측할 수 있게 한다.

- 실기 : 연기술, 화술, 무대동작, 무용, 펜싱, 성악, 무대 분장 등
- 필기 : 러시아 역사, 러시아 극장사, 서양 극장사, 러시아 문학사, 서양 문학사, 미술사, 세계사, 철학, 미학, 문화학, 음악사, 물질 문명사, 러시아어 등

각 과목이 매 학기 아침 9시부터 오후 6시까지 짜여 발표된다. 마치 중/고등학교 시간표처럼 시간 단위로 말이다. 한국의 대학교처럼 내가 원하는 과목과 교수님을 선택적으로 고르고

시간표를 구성하는 시스템이 아니다.

연극 연기를 전문으로 학생을 양성하는 학교인 만큼, 소위 빡센 시간표와 스파르타식 과정 그리고 독특한 교육 방식으로 명배우들을 배출해 내고 있다. 우리 학교 출신의 국내 유명 배우는 연기파 배우로 알려진 박신양 배우님이 있다.

대학교 졸업 후, 배우의 길을 걷지 않고 배우 활동을 하지 않으니, 러시아에서의 고된 훈련이 오로지 아이만을 위해 고도화되고 탄탄히 내공으로 다져졌다고 봐도 좋겠다.

이렇게 어려서부터 엄마에 대한 애정과 표현 결핍이 있는 러시아에서 연기 내공을 쌓아온 나는 아이가 태어남과 동시에 계속해서 떠들었다. 눈 맞춤도 못 하던 신생아 시절부터 나는 우리 아이와 직접 대화하는 것처럼, 내가 아이의 말을 다 알아듣고 있는 것처럼 소통했다.

아이가 돌 전 옹알이만 하던 시기에는 아이의 '오옹~' 소리에

- **나** : 오구 우리 쿠숑이가 그래쪄?

- **쿠숑** : 오오오 아악~

- **나** : 정말? 어머 엄청 재밌었겠다~ 어디에서 그랬어?

- **쿠숑** : 아앙 호옹 오오오

- **나** : (눈을 휘둥그레 뜨며) 세상에 진짜야? 어머어머. 엄마도 보고 싶다! 우리 쿠숑이는 관찰력도 좋네. 우리 딸 최고

(엄지척)~

그런 나를 보며 남편은 "너무 시끄럽다. 오버하지 말아라. 아기가 뭘 알아듣냐?"라고 말했다.

하지만 나는 나만의 신념이 있었다. 아이는 다 알아듣고 느끼고 있을 거라고. 그리고 내가 시끄럽게 떠드는 이런 말들도 아이에게는 좋은 자극으로 어떻게든 도움이 될 거라고.

그렇게 오래도록 꾸준히 그리고 여전히 아이 앞에서 수다쟁이인 엄마를 둔 우리 아기는 다른 아이들보다 조금 빠르게 24개월부터 3개 단어 이상을 붙여 문장으로 말하기 시작했고, 가르쳐주지 않아도 과거, 현재, 미래 시제를 마구 넘나들며 사용했다. 예를 들어 '이거 엄마랑 먹어 봤었어'라거나 '이따 할머니 만나러 갈 거야'처럼 말이다.

아이 어린이집에서 신기하다고 해주실 정도였다. 남편도 나도 어린 시절부터 언어적으로 뛰어난 사람은 아니었기에 나는 아이의 어린 시절부터 끊임없이 떠들었던 효과라 생각했고, 우리 아이의 언어가 평균보다 빠르다는 것을 알게 된 남편은 그제야 "시끄럽다고 한 거 미안하다. 네가 맞았다. 인정!"이라며 엄지를 척 건넸다. '훗'이라며 미소를 날렸지만, 사실은 나도 아무 근거 없이 가졌던 신념이 틀리지 않았다는 것을 알게 되는 순간이었다.

그런데 내 느낌으로 시도했던 것이 이론적 근거가 있는 것을 발견했다. 아이와 상호작용을 할 때 사용하는 특별한 언어 방식을 의미하는 아동 지향 언어(Child-Directed Speech, CDS)의 다양한 연구가 최근에 활발히 진행된다고 한다. 아동에게 이야기할 때 더 높은 음조, 단순한 어휘, 반복적인 표현, 과장된 어조 등이 아이의 언어 발달을 촉진하고 인지능력 향상에 도움을 준다고 한다.

세상에 나 좀 멋진 엄마인 것 같다. 다시 한번 훗 하게 된다.

그리고 나는 단순히 수다만 떠는 말만 많은 엄마는 아니었다. 표정도 리액션도 꽤 크고 다양한 엄마와는 정반대인 아빠를 똑 닮아 무뚝뚝하고 무표정인 우리 아이였지만 점차 방긋방긋 잘 웃는 아이가 되어갔다. 여기서 가장 중요한 것은 단순히 큰 표정과 리액션이어서는 안 된다. 진심을 담아야 한다. 아이들도 다 알기 때문에 진정성 있는 반응이 가장 중요하다는 나만의 개똥철학이 있다.

가끔 동네 아가들이나 나를 처음 보는 아가들을 만나면 누구든 꺄르르 꺄르르 잘 웃고, 나만 졸졸 따라다닌다. 마치 피리 부는 사나이가 된 것처럼. 쪼끄미들이 나를 따라 병아리 떼처럼 종종종 따라올 때면 '역시 러시아에서 연기를 배운 게 쓸만하군'이라고 혼자 자화자찬하게 된다.

이렇게 아이들의 혼을 빼놓고 재미있게 놀아주는 나를 보고 육아 동지들은 "와 진짜 문센텐션. 못따라가겠어요."라고 했다.

아주 간혹 조용한 엄마와 아빠의 생활이 익숙하던 아이들이 나를 만나면 세상 충격에 빠진 표정을 짓는 경우가 있다. 생각해 보면 충격적이긴 할 것 같다. '뭐 저런 아줌마가 있지'라는 생각이 들 테니 말이다. 하지만 금방 나의 텐션과 리액션에 익숙해지곤 한다.

더 재미있는 사실은 그렇게 놀라는 아이의 반응을 옆에서 본 우리 아가는 '너 왜 그래? 이런 리액션 처음봐? 너희 엄마는 안 그러는거야?'라는 표정과 반응으로 그 아이를 토닥이며 '자 너도 이 텐션 세계에 입문해봐. 우리 엄마가 좀 웃기고 재밌어'라는 느낌으로 그 아이를 나에게 이끌고 온다. 마치 거리 공연하는 엄마와 관람객을 끌고 홍보하는 딸 같다.

물론 아무리 문센텐션 엄마여도 아이와 신명 나게 놀아주고 나면 에너지가 소진되기 마련이다. 가끔 무표정일 때도 있지만, 최선을 다해 표현해 준다. 마치 내가 어린 시절 우리 엄마에게 받지 못해 아쉬웠던 애정 표현의 한을 풀어내는 사람처럼 말이다.

모든 엄마는 당연히 나의 아이를 제일 사랑하고, 그 표현 방식이 다를 거다. 그리고 각자의 방식으로 표현하는 바로 그것이 정답이라 생각한다.

수많은 방법 중, 나의 선택은 넘치는 텐션과 에너지로 아이가 온몸으로 나의 사랑을 받아주었으면 하는 바람에서 시작된 것이었을 뿐.

너무나 감사하게도 그런 텐션과 에너지를 잘 흡수하며 자라준 우리 아이는 현재 나 못지않은 텐션과 에너지로 어린이집 분위기를 주도하며, 친구들을 잘 챙기는 기특하고 사려 깊은 아이로 자라고 있다.

어느 날 아기 화장대에 앉아 거울을 보고 있는 우리 아가를 발견한 적이 있다. 눈치채지 못하게 뒤에서 몰래 지켜보던 나는 정말 놀랐다. 그 이유는 평소 표정과 리액션이 큰 엄마의 표정을 상황별로 기억해 두고는 거울을 보고 연습하고 있었다.

입을 아주 크게 벌리고 눈 시선은 사선을 보는 상황이었던 듯한데, 거울을 보며 어떻게 하면 엄마와 비슷할지 각도를 바꿔가며 입 모양을 변형해 가며 연습하는 아이를 보니 너무 재밌고 웃겼다. 그리고 뿌듯함과 대견함과 고마움과 감격과 그 어떤 긍정의 마음들과 단어들이 터져 나왔다. 그리고 생각했다.

'역시 너는 송의 딸이다. 사랑한다. 표정 부자 후계자여'

계획과 예상을 완벽히 빗나가는 육아

　육아를 시작하면서 가장 힘들었던 것은 두 가지였던 것 같다. 우선 잠을 제대로 잘 수 없는 것 하나, 계획대로 되는 것이 아무 것도 없는 것 하나. 아무리 오랜 고민과 치밀함을 가지고 플랜 A~E를 세워두어도 그 어느 날도 계획대로 되는 것이 하나도 없는, 어찌 보면 답이 없다는 결론에 이르고야 마는! 알 수 없음의 영역이 육아 같다. 어찌 보면 계획대로 되지 않는 것이 육아이다 보니, 잠도 원할 때 잘 수가 없다.

　인간의 가장 기본적인 활동인 먹고, 자고, 싸는 것 그리고 뽀로로처럼 노는 것이 육아의 전부이기는 하다. 다음의 4가지 과정을 보면 형태는 매우 쉬워 보인다. 하지만 실전을 구체적으로 들여다보면 나름 치열하다.

24시간 중, 먹이는 시간 - 12.5시간

앞서 〈똥손 엄마의 이유식 연구소〉 이야기처럼 6개월 이후에는 이유식을 먹이기 위해 만들어야 하는 노력과 시간이 대략 2시간, 그리고 하루 3회 직접 먹이기 위해 아이와 소위 씨름해야 하는 시간이 대략 1시간씩 세 번 총 3시간, 먹이고 난 후 정리하고 아이 옷을 갈아입히는 시간 30분씩 세 번 총 1.5시간, 이유식을 다 먹고 나면 부족한 양을 채우기 위해 모유를 수유하는 시간 30분씩 세번 총 1.5시간, 모유 수유가 끝나면 아이와 놀아주는 시간 30분씩 세번 총 1.5시간, 그리고 중간중간 아이가 배고프지 않도록 수제 간식도 만들어야 한다. 쉽게는 퓨레부터 빵, 케이크 등 종류도 매일 달라야 한다. (이것마저 완벽하고 싶은 엄마의 욕심이기는 했다) 만드는 시간 30분, 먹이는데 30분씩 세 번 총 3시간.

24시간 중, 재우는 시간 시간 - 4.5시간

생후 4~6개월쯤에는 하루 3회의 낮잠, 8~11개월쯤에는 하루 2회의 낮잠, 돌 즈음에 가까워져서는 하루 1회의 낮잠을 잔다. 낮잠을 재우기 위해 아이가 푹 잠들 수 있도록 아기띠로 안고 ASRM을 틀고도 부족하여 입으로도 바닷소리를 내면서도 내 몸을 시계추처럼 왔다 갔다 한다. 상황에 따라 허벅지 운동을 하듯 앉았다 일어나기를 여러 번 반복하다 보면, 어느새 아이는 내 품에서 잠들어 있다.

아이가 잠들었다고 해서 재우기 미션이 끝난 것이 아니다. 아기띠에서 빼내어 침대에 무사히 눕히고 아이가 깨지 않고, 이어서 쭉 자야만 성공. 눕힌 아이의 등 센서가 발동되어 울기라도 한다면 다시 아기띠에 넣어 처음부터 다시 시작이므로 고도의 집중력과 재빠른 조치가 필요하다.

아이를 침대에 눕혔을 때, 등 센서가 발동하면 침대에 눕힌 채 토닥이면 되지 않냐고? 나도 여러 번 시도해 봤지만 그렇게 하려다 실패한 횟수가 더 많았기에 그렇게 울 때는 아기띠로 잽싸게 다시 쏘옥 넣어 마치 침대에 눕힌 적이 없던 것처럼 안고 둥가 둥가를 해준다.

내가 마음이 조금 여유롭고 평화로울 때는 등 센서가 발동해도, 마치 처음부터 침대에서 자고 있었던 것처럼 토닥이며 나도 잠든 척을 해보기도 한다. 가끔은 그 방법이 성공할 때도 있다. 이렇게 아이를 재우는 시간은 30분이면 매우 성공적이다.

하지만 보통의 경우는 최소 1시간에서 길게는 2시간까지 걸리기도 한다. 하루 2회 낮잠을 잔다고 했을 때, 저녁잠까지 총

3회 잠을 재우기 위해 평균 1.5시간씩 3회인 총 4.5시간이 재우는 시간에 사용된다.

24시간 중, 싼 것 수습하는 시간 - 1.5시간

기저귀를 가는 일은 시간이 지날수록 점차 수월해졌지만 수월해져야만 하는 이유가 있다. 하루에 쉬를 해서 갈아줘야 하는 기저귀 횟수가 7~15회다. 응가를 해서 갈게 되는 횟수는 3~5번이다. 응가를 한 경우는 아이를 들고 물로 씻고 말리는 과정도 포함된다. 쉬한 기저귀를 가는 시간 3분씩 10회 기준으로만 해도 30분, 응가를 처리하는 시간 15분씩 4번만 해도 60분. (참, 내가 하루 쉬한 횟수, 응가를 한 횟수를 기억하는 것은 철저한 기록 덕분이다. 처음에는 막연히 하루 몇 번, 몇 시에 무엇을 했는지를 머릿속으로만 기억하려 했더니 기억은 하나도 나지 않고, 아이의 대소변 패턴이 어떤지 알 수가 없었다. 철저히 내 기억에만 의존해야 했기에 더 어렵게 느껴졌다. 그래서 나는 babytime이라는 앱을 추천받아 사용했고, 아이의 돌 무렵까지 사용했다. 그리고 돌이 지나고는 과감히 계획의 늪에서 벗어났다.)

24시간 중, 아이와 노는 시간 - 3시간

먹고, 자고, 싸는 시간을 제외한 나머지 시간에는 틈틈이 아이에게 나의 텐션을 최대치로 끌어올려 놀아줘야 한다. 집에 있는 장난감들로 아이와 교감하며 놀아주는 일상적인 놀이도 있지만, 2~3일에 한 번은 조금은 특별한 촉감 놀이도 준비한다. (그래서 우리 아이와 문화센터에 갈 일이 거의 없었다) 거실 바닥 가득 비닐을 깔고 두부 촉감놀이를 하기도 하고, 미역, 소면 국수, 튀밥, 익힌 채소들 등 아이의 시각과 촉감을 자극할 재료들로 함께 탐색하고, 만져보고 이야기를 나누는 시간을 가진다.

특별한 놀이를 하지 않는 날이라도 평균 30분씩 하루 5~7번 이상 아이와 노는 시간이 있다. 일반적인 놀이 기준이어도 180분. 그리고 하루 육아 시간을 빠르게 보내고, 바깥바람을 쐬기 위해 유아차를 타고 집 밖으로 나가는 시간도 하루 1회 정도는 60분씩 잡아 둔다. 운이 좋은 날에는 산책하러 나간 유아차에서 자연스레 낮잠이라도 자주는 날에는 엄마에게 잠시만의 휴식이 생긴다.

24시간 중, 육아를 위해 기획 시간 – 1.5시간

아이를 키우기 위해 계산되는 시간 중, 빠진 시간이 있다. 바로 육아를 기획하기 위해 소요되는 시간이다.

어느 한 다큐 프로그램에서 이런 이야기를 다룬 적이 있다. 엄마와 아빠가 하루 동일한 시간을 육아해도 엄마가 더 피곤한 이유에 대한 것을 찾는 내용이었다. 그 결과 엄마는 아이 육아를 위해 필요한 것들을 고민하고, 주문하고 계획하는 시간을 추가로 사용하고 있었고, 그 시간을 육아 기획 시간이라고 했다. 생각하지 못했던 부분이었고, 너무 공감되어 그 다큐 프로그램을 보고는 무릎을 '탁' 쳤다.

아이의 시기별로 빨대 컵을 써야 하는데 어떤 제품이 좋을지, 이제 기저귀 단계를 올려야 하는데 어떤 브랜드와 단계가 좋을지, 이유식을 담을 용기, 식기, 바꿔주어야 할 숟가락의 시점과 제품, 아이 칫솔 제품과 치약은 어떤 것들이 불소 함량이 높고 더 좋은지 비교하는 일 등등이 모두 기획 과정인데, 엄마들은 아이들을 재우고, 혹은 안고 이런 것들을 틈틈이 공부하고 체크하고, 또 때가 되면 미리 구비해 두어야한다.

이 모든 철저한 기획과 계획이 있어야만 위에 언급한 먹고, 자고, 싸고, 놀고의 루틴이 비로소 잘 돌아갈 수 있는 것이다. 하루 중 기획의 시간을 1.5시간 정도로 잡아본다.

대략 먹고, 자고, 싸고, 놀고, 기획하는 시간을 합산해 보면 총 23시간이다. 이렇게 시간만 놓고 보면, 엄마는 잠을 잘 시간이 없다. 아이가 낮잠 자는 시간에 잠시 잔다면 모를까. 그야말로 24시간이 부족한 육아 하루이다.

그러나 이렇게 대략적인 환산 시간이 무색할 만큼, 내가 육아 App에 하루하루 하나하나 기록한 만큼 매일의 계획과 루틴은 깨지고야 만다. 매일 같은 시간에 낮잠 자고, 밥을 정해진 시간에 딱 먹고, 응가도 정해진 시간에 딱 하면 좋지만, 늘 변수는 있는 법이니까.

계획대로 안 따라주는 아이가 미운 적도 있었지만, 시간이 흘러서야 그 계획이라는 틀에 맞추려는 내 생각이 강박관념이고 완벽하고 싶은 욕심이라는 것을 깨달았다.

그저 흘러가는 대로 있는 그대로 받아들이려 노력하는 것이 쉽지 않은 육아를 그나마 현명하게 해내는 방법인 것 같다. 계획대로 되지 않기에 더 짜릿하고 오래도록 기억될 아이와의 추억과 나의 육아 내공을 쌓아 올릴 수 있는 것이 아닐까.

경이로운 순간이 쌓여
나를 부모로 만든다

아이가 태어나는 순간부터 아이의 모든 것이 신기해지고 감사해지는 것 같다. 심지어 아이가 숨을 쉬고 손가락 발가락을 움직이는 것조차도 감격스럽다. 나를 보며 생긋 웃기라도 하면 심장이 녹아내릴 것처럼 어떻게 이런 작고 소중한 아이가 나에게 와주었을지 커다란 감동과 삶의 책임감이 마구 차오른다.

육아의 모든 순간이 이런 감격과 감동의 시간으로만 채워지면 누구라도 육아를 세상 행복하고도 가장 쉬운 일이라 하겠다. 그렇지만 그런 감격의 순간들이 있기에 수많은 육아의 어려움과 역경을 버티어내게 하는 것 같다. 육아는 참으로 미리 공부하고 준비할 것들이 꽤 많다. 시기별 적합한 장난감과 식기구처럼 구비해야 하는 물품뿐 아니라 시기에 맞게 아이가 엎드려 고개를 드는 터미타임 연습이나 뒤집기 시기, 기는 시기, 일어서는 시기, 일어서면 넘어지지 않도록 도움을 주는 법, 일어서면 뛸 수 있도록 돕는 법 등 하루하루 아니 매시간 쑥쑥 자라고 성장하는 아이의 성장 속도에 부모도 열심히 대비하고 공부해야 하는 일들이 많아졌다.

가장 어려웠던 부분은 마음적으로 다른 아이들은 지금 시기에 이런 것을 한다던데 우리 아이는 지금 어떤 거지? 라며 다른 아이들과 비교하며 우리 아이의 발달의 빠르기 정도를 가늠하고 있는 내가 너무 얄미웠고 몸서리치게 싫었다.

어린 시절부터 동생과 다른 친구들과 비교하는 화법으로 나를 자극하고 훈육의 방법이라 자부하던 엄마의 방식이 너무 싫었던 나였다. 그런데 나도 모르게 내 아이의 발달 정도를 확인하고 싶어 다른 아이와 비교하고, 혹시나 발달 정도가 조금이라도 차이가 있으면 속상해하는 나를 봤다. 그 누구에게도 도움이 되지 않을 비교는 절대 안 할 수는 없겠지만, 최소한 나의 길을 나의 육아 방식을 고수하며 가자라고 마음을 먹게 되었다.

그저 매일매일 건강하게 자라주는 우리 아이에게 더 많은 사랑을 쏟아붓고 표현하며 순간순간을 맞춰 나가는 시간들이 쌓여 나도 조금씩 부모라는 모양을 어설프게나마 갖춰가고 있다는 생각이 들었다. 물론 한없이 부족한 엄마이지만, 무엇이든 아이를 위해 아이만을 생각하며 행동하고, 결정하는 나를 보며 우리 엄마도 이런 마음이었겠다는 것을 비로소 느끼게 된다.

숨만 쉬어도 예쁜 우리 아이가 지쳐 있는 엄마를 볼 때면 다가와 "엄마 괜찮아 힘내. 내가 있잖아~"라는 말을 해주었을 때, 엄마는 쳐졌던 어깨뿐 아니라 광대도 불끈 올라간다.

'그래 우리 아이가 괜찮다는데! 다 괜찮다'라는 생각과 함께 말이다.

30개월이 지나서는 초등학생 이상의 언어를 구사하며 웬만한 나의 고민 상담까지 해주는 우리 아가다. 평소 나의 말투와 닮은 우리 아이가 나에게 하는 말을 들을 때면 깜짝 놀랄 때가 무척 많다.

하루는 아이와 등원 전 차를 끌고 소아과에 갔다. 평소 좁은 주차장이어서 항상 주차 관리 소장님이 계셨었지만, 그날따라 잠시 자리를 비우셨다. 예약 진료를 해둔 터라 빠르게 주차 후 병원으로 올라가야 했는데, 좁은 주차 자리가 벽 쪽에 한 개 남아있었고, 마침 그 옆에 미리 주차되어 있던 차가 내가 들어갈 공간에 붙여둔 상황이었다. 다른 때 같으면 한없이 주차 관리 소장님을 기다렸겠지만, 그 날은 빠른 출근도 필요했기에 시간이 없었다. 그래서 평소의 쫄보 컨셉을 벗고 과감한 컨셉을 추가했다. 옆 차에 아주 가까이 붙여서 과감하게 좁은 공간에 주차하려 했다. 그때 나는 '에잇 모르겠다. 옆 차와 부딪히려면 부딪히라지. 지금 나는 아이의 빠른 진료가 중요해. 어떻게든 주차하고 말겠어'라는 생각 뿐!

잠시 내려 옆 차와 내 차 간격을 보니 정말 깻잎 한 단 정도의 거리. 조금만 더 갔었으면 정말 찌그러짐을 감수해야 했을 거리였다. 그제야 정신을 차리고 주변 약국 약사님, 지나가던 행인을 붙잡고 도움을 청했다. 나의 부족한 운전과 주차 실력을 머쓱해 하며 나의 상황을 설명했다.

그렇게 주변 분들의 도움으로 빠르게 소아과 진료를 마치고 내려오니, 내가 엉망진창으로 해 놓은 주차 덕에 옆 차는 나가지 못하고 기다리고 있었다. 다행히도 주차 관리 소장님이 돌아오셨고 내가 난처했던 상황을 처리해 주셨다. 주변 모든 분의 도움으로 차량은 사고 없이 깻잎 한 단 기술만 남긴 채 문제없이 종료되었다. 역시 도움이 필요할 때는 최대한 많은 분에게 알리고 도움을 청하는 게 답이 라는 생각과 함께 땀에 흠뻑 젖은 채 아이를 차 뒤에 태우고 어린이집으로 출발했다.

운전 중인 나에게 카시트에 앉은 딸이 말했다.

"엄마, 고생했어. 힘들었지? 그렇게 필요할 때는 사람들한테 도와달라고 하면 되는 거야. 세상은 그렇게 사는 거야. 알았지?"라고, 말하는 아이를 백미러로 쳐다보며 말했다.

"응 맞아. 맞아. 우리 딸이 엄마보다 더 낫다." 순간 감격스러우면서 놀라웠다. 우리 엄마가 내 뒤에 타고 있는 줄 알았다. 하마터면 딸에게 '누구냐 넌'이라고 말할 뻔했던 순간이었다.

나는 두고두고 아이의 그 말이 가슴에 남았다. 아이도 내가 애쓰는 모든 순간을 알고 있구나. 그리고 그런 엄마의 모든 모습을 눈에 담고 생각해서 자신의 세계를 만들어가고 있구나 라는 생각이 들었기 때문이다. 그렇게 지난 나의 말과 행동에서 혹여나 아이에게 잘못된 생각이나 긍정적이지 못한 에너지를 준 것은 없을지 되돌아보게 되었다.

엄마의 모든 것이 닮고 싶고 커서 엄마처럼 될 거라고 자주 말하는 우리 딸을 보고 대화하다 보면 나는 단 하루도 허투루 대충 살 수가 없다. 적어도 가족에게 부끄럽지 않은 그런 가족 구성원이 되겠다고 다짐하게 된다. 내가 아이를 키우고 있다고 생각했지만, 이 작은 아이가 나를 더 나은 인간으로 키우고 있다.

아이가 커가는 모든 순간이 경이롭지만, 아이와 만드는 모든 순간이 새롭고 경이롭고 감사하다. 아이와 함께 만들어온 과거도 만들어갈 미래도 더 두근대는 이유가 바로 그런 경이로운 우주를 만들어가고 있기 때문인 듯하다.

육아를 해가는 모든 시간 중에 완벽한 하루는 없었지만, 나만의 방식으로 살아낸 육아의 지난 모든 날이 의미 있고 사랑스러웠다고 자부한다.

인생은 우리가 계획한 대로 흘러가지 않지만 그래서 더 아름다운 것 같다.

흔들려도 자라는 시간

아이가 밤새 울어도, 이유식이 실패해도 괜찮아요. 계획이 틀어져도 잘못된 육아가 아니니까요. 육아는 늘 예측을 비켜가지만, 그 혼란 속에서도 아이는 자라고 당신도 성장하고 있어요. 흔들리고 버벅거린다고해도 괜찮아요. 완벽이 아닌 꾸준함이 아이와 당신을 함께 단단하게 만들고 있어요. 하루를 버틴 것만으로도 이미 충분히 잘해낸 거니까요.

제3장

회사에선
엄마가
보이지 않는다

내 이름으로 다시 불리는 시간 :
워킹맘 복귀기

    10개월간 육아라는 무대에서 엄마라는 역할로 고군분투해온 나는 나의 일을 할 수 있는 회사라는 무대로 복직했다. 이제는 누구 엄마가 아니라 내 이름 그 자체로 불리는 시간이다.

    ~님이라는 호칭을 사용하는 문화인 우리 회사에서 누군가 내 이름을 불러주었을 때, '그래 나도 이름이 있었지'라는 생각이 제일 먼저 들었다. 회사에 출근하기 며칠 전부터 설레는 마음으로 출근을 위해 준비 했다. 옷부터 가방부터 화장품까지 살펴보던 나는 당황스러움과 쓸쓸함에 휩싸였다.

    출산 후 변한 나의 체형과 체격으로 맞는 옷들이 없었고, 그에 맞는 가방이며 신발도 매칭되는 것이 없었다. 그리고 화장품은 이미 유통기한이 훨씬 지나 폐기해야 하는 것들뿐이었다. 육아라는 이름으로 나에게 투자하고 관심 두지 않았던 시간을 있는 그대로 보여주는 장면들 같아 슬펐다.

그래도 새로운 시작이라는 생각으로 옷도 신발도 화장품도 다시 장만해야겠다고 생각했지만, 생각처럼 쉽지는 않았다. 옷 몇 벌 새로 샀을 뿐, 있던 가방과 신발 그리고 심지어 제때 화장품을 구입하지 못해서 유통기한이 지난 화장품들을 바르고 첫 출근을 했다. (그 덕분에 지금까지 습관적 결막염을 앓고 있는 것으로 추측된다. 역시 유통 기한이라는 것은 잘 지키는 것이 중요한가보다)

복직 첫날 느꼈던 가장 큰 놀라움은 '어머, 밥 먹을 시간이 정해져 있어! 우와 나 커피 마실 여유도 있네? 어머 화장실도 여유 있게 갈 수 있다니'라는 포인트였다. 육아하기 전에는 그런 일상적이고도 평범한 시간을 대수롭지 않게 여겼는데, 나만의 시간이 철저히 없었던 육아의 시간에서는 점심시간마다 먹는 밥, 커피 마실 시간, 화장실 가는 시간마저도 감사했다.

환영해 주는 팀원들 사이에서 '그래 나도 어디엔가 필요한 사람이었지'라는 자기 효능감이 에너지처럼 솟아올랐다. 지나간 시간 속에서도 변하지 않고 그 자리에 있어 준 팀원들 그리고 내가 잘 적응할 수 있도록 회사의 현황, 업무 현황, 분위기 등 뭐 하나 빠지지 않고 세심하게 챙겨주고 전수해 주는 팀원들에게 그저 고마운 마음뿐인 복귀 첫날 출근이었다.

팀의 배려로 복직자의 적응을 도울 복직 돌보미 짝꿍을 배치해 주었고, 팀원들과 1명씩 1on1으로 서로의 근황과 팀 프로젝트를 소개받을 수 있었다. 내가 복직했을 때, 새로 팀에 합류한 동료들도 여럿 있어서 서로를 이해하는 데에 아주 큰 도움이 되었다.

복직하자마자 많은 업무들을 마구 쏟아내도 이상하지 않았겠지만, 회사 그리고 팀원들이 많은 부분 배려해 준 덕분에 나는 다시 회사에 점차 스며들 수 있을 것이라는 자신감이 생겼다. 그리고 이런 팀원들과 함께 라면 어떻게 해서든 나의 회사에서의 나의 역할과 임무들을 잘 완수할 수 있을 것 같았다.

'그래, 잊었던 일하는 근육을 다시 가동해 보자'라는 다짐과 함께 말이다.

그렇게 고대하고 기다리면 복직 출근 첫날을 정신없이 보내고, 어딘지 모를 작은 활력과 설렘 그리고 피곤함에 젖었다. 내 이름으로 불리는 화려한 복귀의 시간을 머릿속으로 상상했지만, 현실은 체력 고갈과 방전이라는 웃지 못할 결말이 되어버린 하루였다. 하지만 완전히 Off 될 수 없는 현실. 나에게 남은 것은 육아 출근이라는 하나의 미션이 더 남아있었다.

드디어 육아 퇴근도 마치고, 아이 옆에 누워서 복직 첫날의 하루를 머릿속으로 다시 한번 복기해본다. 나름의 긴장도 있었던 날이기는 했지만 따뜻하고 열렬한 환영에 뿌듯하고 기쁘고 감사했던 시간이 스치듯 지나간다. 앞으로가 걱정되기도 했지만 그래도 시간이 조금 지나면 이런 패턴도 나에게 익숙해 지겠지. 그리고 일도 육아도 잘 해낼 수 있을 거라는 막연한 희망 회로를 돌리며 하루를 마무리해 본다.

일도 육아도 다 엉망진창

 첫 출근 날 밤 돌렸던 희망 회로와 달리 복직 후 매일매일은 나에게 전쟁과 같았다. 일도 육아도 뭐 하나 제대로 된 것이 있다면 마음의 평화까지는 아니어도 전쟁 정도는 아니었을 것 같다. 하지만 그 무엇도 정상적으로 되는 것이 없었다. 그야말로 엉망진창 그 자체였다.

 나 하나만 챙기기도 정신없었던 아침에는 등원을 위해 아이를 먼저 챙겨야 했다. 옷을 입히고, 머리를 묶어주고 준비물을 챙기는 시간, 그리고 아침은 꼭 먹여야 한다는 욕심이 발동한 워킹맘은 어떻게든 1시간을 투자해 아침을 먹이고야 만다. 그러고는 집을 나서려고 할 때 똥을 싸는 아이에게 나도 모르게 성질을 낸 적도 있다. 모닝 똥을 수습하고서야 집을 나섰을 때, 화장을 한 내 얼굴은 이미 땀으로 흠뻑 젖어 화장을 왜 했나 싶다. 한껏 힘을 주었던 옷은 운동복과 다름없이 땀으로 얼룩이 생기고 말았다. 하… 일단 아이 등원 완료부터 수행하자는 마음으로 어린이집 앞에서 아이와 헤어지려 할 때 엄마와 떨어지기 싫다는 아이가 짠하면서도 급한 마음에 어떻게든 떼어놓고, 직장으로 발길을 돌린다.

그 씁쓸하고도 미안한 마음을 뒤로하고, 더 무거운 마음으로 직장으로 향하는 길은 발걸음조차 무겁다. 부여받은 미션과 프로젝트들을 잘 수행해 내야 하는데, 자꾸만 내 머릿속이 하얗다. 출산 전 같은 빠릿빠릿함과 속도감은 돌아오기는 하는 걸까? 누군가 말해준 정보들이나 기억해야 할 것들은 뒤돌면 머릿속에서 사라졌다. 그리고 내 행동은 느리고, 컴퓨터를 사용하는 것조차 기계를 처음 다뤄보는 사람처럼 어설프고 서툴고, 잘 모른다. 그저 모든 것들이 사회 초년생만큼도 안 될 만큼인 현실이 참으로 창피하고 부끄럽다. 그래도 어떻게든 버텨내고 해내다 보면 익숙해질 거라는 마음으로 정진해본다.

하지만 스스로에게 가장 참을 수 없었던 사실이 하나 있다. 주어진 시간에는 주어진 역할에만 충실히 집중하면 참 좋은데, 일하면서는 아이 생각과 걱정, 육아하면서는 일 생각과 걱정이다. 비겁하고 바보 같다는 생각이 들면서도 그렇게 흘러가는 내 생각과 마음의 흐름을 다잡지 못하겠다. 하지만 둘 다 잘 해내고 싶은 마음과 잘 해내고 있지 못한다는 부담감과 어려움 때문에 시작된 걱정임을 알고 있기에 그런 내가 짠하다.

짠하고도 고달픈 시기에 걱정과 해결해야 할 과제가 하나 더 생겼다. 집 앞 가정 어린이집을 다니고 있었지만 회사 어린이집에 입소할 기회가 생겼다. 많은 고민이 되었다. 생후 8개월 때 입소한 가정어린이집 적응 기간이 한 달 반정도 걸렸으니, 회사 어린이집으로 옮기고 적응하는 기간도 최소 한 달에서 한 달 반은 잡아야 한다고 예상됐다. 그 적응 기간만큼 내가 잠시 휴가를 내고 시간을 투자해야 하는 상황. 그렇지 않아도 업무 적응도 잘되지 않은 상황인데, 더 많은 고민이 됐다.

반면 장기적으로 봤을 때 시설도 프로그램도 좋은 회사 어린이집에 잘 적응하고 나면, 나에게도 아이에게도 더 좋을 것이라는 확신이 들었다. 최대 한 달 반 정도 아이의 빠른 적응을 위해 잠시 시간을 투자하고, 그 후에 빠른 업무 적응과 성과로 전환해보자고 다짐했다. 그렇게 복직 후 3개월 후쯤에는 회사 어린이집으로 옮기기로 했다. 그리고 정말 한 달 반정도의 적응 기간이 걸렸다.

함께 입소한 같은 반 승빈이는 둘째이고, 어린이집이 처음이지만 적응 기간이 따로 필요 없이 어린이집에 등원한 순간부터 적응을 완료했다. 반면 우리 아이는 어린이집이라는 곳의 경험은 있지만, 적응 기간이 끝나면 엄마와 떨어져야 한다는 것을 잘 알아서인지, 새로운 적응기간을 힘들어했다. 아이만큼이나 나도 애가 타고 힘든 시간이었다. 나도 모르게 아이가 예상보다 빠르게 적응할 수도 있지 않을까 하는 약간의 기대가 있었던 것 같다. 그래서 더 속이 부글부글 끓어댓다.

새 어린이집에서의 적응 동안, 엄마와 떨어지는 시간에 오열하는 아이를 보며 내 눈가도 촉촉해졌지만, 그 눈물은 짠한 아이에 대한 마음과 함께 '나는 어쩌지, 일은 제대로 할 수 있는 걸까? 한 달 반 보다 더 길어질 수도 있겠는데. 나 어떡해'라는 마음이 더 컸음을 고백한다.

아이가 처음으로 다녔던 어린이집 원장님의 말씀처럼 적응을 못하는 아이는 없듯이 우리 아이는 예상대로 딱 한달 반의 시간만에 새로운 어린이집에 적응했다. 이제는 어린이집에 모든 것을 맡기고 업무에 집중하면 참 좋았겠지만, 세상은 나의 예상과 바람대로 다 되지 않는 법이다.

직장 어린이집인데, 왜 다들 일찍 하원하는 거지. 5시면 아이들이 다 하원하고 없고, 우리 아이만 덩그러니 남아있는 것을 알게 되었을 때 마음이 또다시 쓰이고 불편해지기 시작했다. 그렇게 나는 꽁꽁 숨겨두었던 친정엄마 찬스를 꺼내 들었다. 도저히 나와 남편의 힘과 의지로 해결할 수 없는 상황이 되었고, 나의 SOS를 기다리던 엄마도 회사에 잘 적응할 때까지 기꺼이 지원하겠노라고 말씀해 주셨다.

덕분에 아이의 하원부터 저녁먹이기는 누구보다 믿는 우리 엄마에게 맡긴 채 조금 더 일에 몰입할 수 있는 환경이 조성되었다. 그래도 밥과 반찬들은 최소 3일간 어린이집 식단과도 겹치지 않도록 짜야 한다는 강박관념을 가지고, 반찬들을 매일 3가지씩 미리 만들어 두었다. 만들어두면 우리 엄마가 아이 저녁을 먹여주는 방식이었다.

복직 후, 3개월 동안도 그 후 아이가 새로운 어린이집에 적응하는 1.5개월 동안도 나는 여전히 회사에서 어리바리하게 헤매고 있었다. 언젠가는 출산 전 텐션과 업무 추진력이 생길거라는 막연한 기대와 함께 불안감으로 나날을 보냈다.

그 덕분에 늦은 시간 퇴근을 헐레벌떡하고, 엄마와 바톤터치를 하고 아이를 재우고 나서는 다시 늦게 업무가 on 되는 패턴이 반복되었다. 조금이라도 업무를 놓치고 싶지 않은 마음이었지만, 사실은 그렇게라도 하지 않으면 따라갈 수가 없었다.

일도 육아도 두 마리 토끼 모두 잡으면 참 좋겠지만, 꽉 붙잡지는 못해도 중간씩이라도 할 수 있는 날이 왔으면 좋겠다는 마음으로 매일 밤, 잠을 이룰 수 없었다.

나이도 경력도 부담스러운 애매한 사정

　나의 휴직 기간 동안 팀에 새로 합류한 구성원들 모두 젊고 예뻤다. 이렇게 말하면 나는 꽤 나이 든 노땅인가 싶지만 정말 난 노땅이었다. 나는 팀의 여자 구성원 중, 나이가 제일 많았고, 경력도 몸무게도 1등인 듯했다. 어려서부터 1등의 경험이 자주 있지는 않았는데, 이렇게 노력도 없이 자연스레 먹어온 나이와 경력으로 1등이 되는 날이 오고야 말았다. 부정할 수도 없고, 인정해야만 하는 현실이었다.
　노땅이니까 한 번쯤 더 경험해 본 시행착오들과 통찰력으로 귀감과 도움이 되는 직장 선배이자 인생 선배가 되어야 할 것 같은 부담감이 함께 몰려왔다. 그 누구도 요구한 적 없지만 자연스레 시니어라는 이름으로 불렸고, 더 큰 요구사항들이 분위기로 몰려왔다. 난 지금 나 하나도 건사하기 힘든데 말이다.

사람들은 저마다 삶에 잘 적응하기 위해 여러 가면을 쓴다. 나는 이런 환경과 배경 덕분에 생긴 또 하나의 가면이 있다. 바로 괜찮은 척 가면이다. 이 가면이 조금 더 고도화된 상황에서는 노련한 척 가면으로 변신한다.

쫄보인 나는 어떤 상황에서도 긴장도 걱정도 많은 편이다. 그렇지만 이제는 그런 걱정도 있는 그대로 보여주기 참 여기저기 신경 쓰인다. 솔직한 것이 좋다고 생각하지만 그 솔직함을 무기 랍시고, 항상 벌벌 떠는 노땅의 모습을 상상해 보면 세상 이런 찐따가 따로 없겠다 싶다. 그래서 괜찮은 척, 여유 있는 척, 계획이 있는 척을 하게 되었다.

처음에는 항상 심장이 쿵쾅거렸다. 누가 보면 직장에 처음 다니는 사회 초년생인 줄 알 만큼 긴장과 두근거림이 있었다. 하지만 들키고 싶지 않았고, 들켜서는 안 될 것 같았다. 마치 마지막 자존심인 것처럼. 그런데 신기하게도 그런 척을 여러 번 하다 보니, 자연스레 그런 척이 아니라 정말 그렇게 되어있는 나의 모습을 발견했다. 정말 마음만큼은 괜찮았고, 여유 있었고, 계획이 생겼다.

그런 척을 하고는 있었지만, 나는 뒤에서 척으로만 머무르지 않도록 나름의 고군분투를 했다. 무능력한 시니어가 되고 싶지 않은 그런 마음이랄까.

　동료들이 나에게 의견을 구할 때, 처음에는 그럴듯하고 있어 보이는 그런 답과 비슷한 무엇을 제시해 줘야 할 것만 같았다. 그래야 내 경력과 나이에 걸맞은 답변이라 생각이 들었고, 소위 내 면이 설 것 같았다. 동료들은 어떻게 생각했을지 모르지만, 나는 어딘가 어색하고 답답한 답변 아닌 답변만 늘어놓는 내 모습이 너무나 꼴 보기 싫었다. 마치 꼰대가 되어가는 내 모습을 보는 듯했다. 요란한 빈 수레처럼.

　그러다 문득 생각했다. 나라고 정답을 꼭 알고 있어야만 하는 것이 아니지 않나? 오히려 솔직하게 나도 잘은 모르지만, 경험상으로는 어떠했는데 같이 고민해 보자고 말하는 것이 더 멋진 답을 찾아가는 과정이겠다 싶었다. 그래서 그때부터 아는 척하는 가면을 과감히 벗고, 있는 그대로 직면했다. 내가 신도 아니고, 문제 출제자도 아니고, 천재도 아닌데 다 알 필요는 없었다. 그렇게 정답에 가까울 무언가를 함께 고민하고, 찾아가는 그런 시니어가 되기로 했다.

　그럼에도 불구하고, 더 많은 과제와 주도성을 계속해서 요구하는 회사에 점차 버거움을 느꼈고, 심장이 속도를 높여 뛰는 일들은 더 많아졌다. 육아 후, 생긴 이명은 더 심해져 멈출 줄을 몰랐다.

　내 이명 증상은 귀에서 바람 소리가 계속 난다. 마치 선풍기 소리가 귀에서 계속 나는 것처럼 말이다. 복직 전 병원에 들러 검진을 받은 적이 있는데, 아무 문제가 없다는 소견과 함께 추천한 사항이 너무 황당하여 더 이상 이명 때문에 병원을 가지 않았다. 그 추천 사항은 푹 쉬고, 육아도 내려놓고, 스트레스를 받지 말라는 것이었다. 아니 이럴 거면 나도 의사하겠어요. 라고 말하고 싶을 만큼 당황스러웠다. 이건 마치 '어디보자~ 자, 진찰 결과 나왔어요. 당신은 밥 많이 먹으면 배부르죠? 전날 활동 많이 하면 다음 날 피곤한 스타일이죠?'와 뭐가 다르단 말인가.

　누구는 푹 안 쉬고 싶고, 육아도 쉴 틈 없이 하고 싶고, 스트레스받고 싶은 건가? 그러고 싶어서 그런 사람이 세상에 어디 있겠어. 그렇게 꼼꼼하고 다양한 귀 검사를 하고는 그런 피드백이라니. 차라리 불치병이라고 말해 주는 게 나을 뻔했다. 그래서 마음먹었다. 그래 고치려고 원인 찾다 속만 상할 테니 그냥 이명은 나의 동반자라는 생각으로 받아들이자. 같이 살자, 이명아.

　그렇게 동반자가 된 이명은 내가 스트레스가 머리끝부터 발끝까지 꽉 찰 때와 컨디션이 떨어졌을 때 더욱 찰싹 붙어 나를 괴롭힌다. 그래서 복직한 순간부터 지금까지도 나와 날마다 함께한다.

그래도 하루를 어떻게든 살아내야 하는 나는 이명과 함께 주눅 들지 말자는 혼자만의 다짐을 한다. 그리고 내가 할 수 있는 한 최선을 다해 노력한다. 지금도 숨이 꼴깍 넘어갈 듯 헐떡대지만, 그런 나에게 떨어지는 요구들이 많지만 그래도 살아야 한다. 우리 아이 어린이집도, 내 경력도 지켜내려면 내가 버텨야 한다는 마음으로.

나는 그냥 하다 보니 직장 경력이 쌓이고, 살다 보니 나이가 쌓인 것인데 그에 맞는 책임이 요구되는 것이 너무나 당연하지만, 막상 요구 대상자가 되다 보니 버거운 것이 사실이다. 나는 완벽히 준비되지 않았는데 요구되는 것들에 맞춰 자연스레 그런 사람이 되는 현실.

내가 사회 초년생 때에 나이도 경력도 높지만 간혹 이런 생각을 하게 하는 선배들이 있었다. '왜 저래, 나잇값 경력 값 못하는 바보 같네'라고 말이다. 그 때 그 시절 내가 이렇게 생각했던 직장 선배 몇몇이 머릿속을 스쳐 갔다. 이제는 내가 누군가에게 그런 비아냥을 들을 수도 있는 나이와 상태겠구나 라는 생각에 씁쓸해졌다.

그렇게 되지 않기 위해, 그래도 도움이 되고 적어도 찐따같지 않은 시니어가 되어야겠다는 마음으로 하루를 살아내는 하루살이 시니어다.

늘 미안함을 안고 사는
소심해져 버린 아줌마

난 눈치가 꽤 빠른 편이다. 어려서부터 엄격하고 무서웠던 엄마의 훈육을 받아온 나는 엄마의 기분과 컨디션을 살피는 일이 일상이 되었다. 돌이켜보면 그저 예쁜 표현과 관심과 사랑을 받고 있다는 사실을 늘 확인받고 싶었던 것 같다. 그래서 늘 동태를 살피는 마음과 긴장감이 가슴 한쪽에 자리하고 있었다. 그 덕분에 좋게 말해 눈치가 빨라졌고, 나쁘게 말해 눈치를 많이 보는 사람이 되었다. 게다가 다른 사람들의 시선을 많이 의식하고, 주위 시선에 내 선택이 좌지우지되는 경우도 적지 않음을 고백한다.

어떤 행동을 할 때면, '다른 사람들이 나를 어떻게 생각할까?'를 제일 먼저 고민하는 내가 정말 싫은 적이 많다. 내가 좋은 것, 내가 하고 싶은 것을 선택하는 것이 제일 중요함에도 그 모든 검토와 최종 선택을 앞둔 상황에서도 '내가 이 선택을 함으로써 다른 사람들은 나를 어떻게 볼 것인가?'를 생각하는 내가 정말 몸서리치게 싫었다. 그럼에도 많은 사람들에게 좋은 시선과 관심과 인정과 칭찬들에 목말라 있었다. 그래서 다른 사람들에게 주목받는 무대에 서고 싶었던 것 같다.

사람은 어떻게든 타고난 성향이나 기질은 바뀌지 않으니, 그것을 긍정적으로 잘 분출하고 발현될 수 있도록 하는 것이 중요하다. 그런 의미에서 나는 직장 생활들로 잘 발현해 내고 있는 것 같다.

연말 성과 면담 피드백 자리에서 나의 조직장이 한 말로 생각이 많아졌다.

"숑님은 결혼을 기점으로 미안함이 너무 많아진 것 같아요. 안 그래도 되는데, 늘 미안함이 너무 많고 그러다 보니 예전과 달리 주눅이 들고 움츠러들어 있는 모습이 안쓰러워요."

그 말을 듣는 순간, 앗 다 들켰다. 다 알고 있었구나 싶었다.

나는 결혼을 기점으로 2주간의 신혼여행 휴가, 임신 전체 기간 동안 하루 2시간 단축근무, 출산 휴가부터 육아휴직까지 10개월 동안 자리를 비웠다. 그 비움에서 매사에 팀 동료들에게 미안하고 고마운 마음이 깊어져 점점 내가 죄인이 된 것이 아닌가 하는 이상한 죄책감으로 흘러갔다.

자리를 비우며 안 그래도 바쁜 우리 팀 동료들에게 부담이 된다는 점이 괜한 망상으로 이어진 탓인지 구성원들 앞에서 직접 교육을 하고 진행해야 하는 많은 상황을 여러 사정 같은 핑계들로 피하게 되는 지경에 이르렀다.

그렇게 타인의 주목을 갈구하며 살아왔던 나는, 나를 향한 시선이 부담스러워졌고 무서웠다. 그래서 팀을 대표해 앞에서 이야기해야 하는 자리가 있을 때면 숨이 가빠졌다. 내가 수습이 불가한 실수를 해서 팀이 난감해지는 상황들이 내 의지와 다르게 자꾸만 상상됐다. 마치 망상장애처럼 말이다.

그저 잘하고 싶다는 마음이 미안함과 합쳐져 엉뚱하고도 황당한 방향으로 흘러가고 있었다.

그리고 이어진 이야기.

"내가 슝님을 처음 만나 함께 했을 때에 비하면 지금은 전혀 다른 사람이 된 것 같아요. 그때로 돌아갈 수 있다면 좋겠어요." 라는 말을 듣고는 나도 정말 돌아가고 싶었다. 그런데 그때 그 시절 내가 어땠는지 기억이 하나도 나지 않아서 물었다.

"저를 처음 만났을 때, 제가 어땠었나요? 정말 생각이 나지 않아서요."

"그땐 정말, 저렇게까지 한다고? 어휴 너무 부담스럽지만 저렇게 할 수도 있구나! 할 정도로 추진하고 집착했어요."

"아...제가 그랬었군요?!" 기억이 자세히 나지는 않았지만, 그랬었던 것 같았다. 적어도 지금처럼 쭈구리 소심이는 아니었던 것 같긴 했다.

그러고는 정말 내가 어떻게 다시 돌아갈 수 있을지 고민해 봤지만, 방법을 도통 모르겠다. 나는 지금, 그때 그 시절의 상황과 완전히 달라졌는걸. 결혼 전에는 나 하나만 잘 해내면 되었지만, 결혼, 임신, 출산을 거쳐 육아라는 우주를 짓고 있다 보니 불도저 같은 추진력과 집요하게 파고드는 업무를 하는 것이 예전만큼 쉽지 않은걸. '그땐 그때고, 지금은 지금인걸요'라고 말하고 싶었지만, 서바이벌 사회생활을 위해 내가 반드시 개선해야 할 지점이기는 했다. 꼭 이 회사가 아니더라도.

늘 우리 아이에게 당당하고 멋진 엄마가 되고 싶었는데, 난 사회에 기어 나와 만신창이가 되어, 사회에 도움이 되지 않는 존재가 되어버린 것 같았다. 나이는 나이대로 경력은 경력대로 쌓여 그저 무겁고도 편하지 않은 존재로, 부담스럽고도 늘 미안함만 많고, 소심하기까지 한 핵 답답한 노땅으로 자리매김한 그저 그런 인간으로 전락해 버렸다니. 내 인생의 가장 큰 수치와 오점이 되어버린 것이다.

조금 과한 표현으로 '정말 나이를 똥구멍으로 처먹은거 아니야?'라는 말을 들을 만큼 나잇값을 못 하던 과거 경험 속 사람들이 머릿속을 스쳐 지나갔다. 그 누구한테도 피해 주지 않고, 받은 감사도 미안함도 모든 감정을 잘 표현해야 한다고 배우고 자란 나였다고 자신했다. 그런데 지금 나는 소심함에 파묻혀 여러 사람에게 피해를 주고 있는 것 같았다.

그래서 나는 민망함에 두더지처럼 땅굴을 더 파고들고 있었다. 내가 들어갈 수 있는 쥐구멍이 있다면 숨어서 평생 나오고 싶지 않을 정도로. 나도 알고 있었지만, 누구도 말해주지 않았던 쫄보 쇼을 타인의 이야기로 직면한 순간이라 더 그랬을 거다. 하지만, 이 상황을 어떻게 벗어나야 할지 모를, 어쩌면 벗어날 수 없을 것이라고 혼자서 확정해 버린 쫄보는 자책의 늪에 다시 빠지고 말았다.

'나 정말 괜찮을까? 나 정말 살아남을 수 있을까? 나 극복할 수 있을까?'

영화 박하사탕의 명장면으로 꼽는 설경구의 기차길 절규 장면이 생각나는 순간이다.

"나 다시 돌아갈래!"

시간이 지나면
정말 나아지긴 하나요?

'익숙함에 젖게 되면 새로운 것을 만들기는 힘들다'는 말을 들은 적이 있다.

익숙함과 어울리면 성장이 멈춘다는 의미와 비슷한 결인 것 같다. 그런데 육아하는 워킹맘의 삶은 언제쯤 익숙해지는 것일지 항상 궁금했다.

무엇이든 하다 보면 익숙해지고 또 익숙해지다 보면 노련해질 텐데, 육아라는 영역은 참으로 멀고도 험하고 산 넘어 산이다. 그런 손에 잡힐 듯 전혀 잡히지 않는 그리고 종잡을 수 없는, 절대 계획적일 수 없는 육아와 나이도 경력도 애매한 40대에 들어선 직장인 아줌마 역할도 함께 하려니 그야말로 6.25 때 난리는 난리도 아니다 라는 말의 상태랄까.

　내가 부족한 걸까 생각하면 내가 무능한 것이 맞는 것 같아 한없이 바닥으로 떨어지는 것도 하루에 여러 번. 내 무능함과 함께 자존감도 쿵 하고 떨어지는 느낌은 나를 끝도 없이 작아지게 만든다. 그래서 직장에서도 소심해져 버린 것 같다.

　19살에 부모님과 떨어져 러시아에서 4년의 대학 생활을 할 때는 하루하루가 고된 훈련과 평가 그리고 새로운 과제들로 살얼음판 같았다. 도망가고 싶었지만, 실패자라고 손가락질 받을까봐 또 스스로 규정하게 될 것 같아 버티고 버티다 보니 4년의 세월이 흘렀다.

　30대 초반에 갑상선암 진단을 받고 7시간의 긴 수술을 끝내고, 회복기를 가지고 끝날 줄 알았다. 하지만 방사선치료 후 부작용으로 고생한 시간도 쉽지 않았다. 더 나아진 상태는 없을 거라고 비겁하게 결론 내어 버렸던 갑상선암과 싸우는 시간이었다. 하지만 시간은 그저 흘러 회사도 복귀하고 아무 일도 없었던 듯 일상생활을 여전히 잘 살아갔다.

　언제나 그렇듯 시간은 어떻게든 흘러 자연스레 시간이 해결해 주겠지 싶었다. 하지만 육아와 일을 병행하는 이 삶은 더 긴 긴 줄다리기 같은 시간이 될 텐데. 이번에는 시간도 어찌지 못할 것 같은 두려움에 휩싸이게 된다. 시간이 지날수록 악순환만 반복되지 않을까. 더 큰 암 덩어리가 되어 나에게 돌아오지 않을까 하는 두려움 말이다.

나를 집어삼킬듯한 커다란 두려움이기는 하지만, 나는 엄마니까 또 하루를 이렇게 버텨내고 있다. 그냥 보내는 하루가 아닌 풍파를 아슬아슬 온몸으로 견뎌내고 있다는 표현이 더 어울리는듯하다. 엄마니까 뭐든지 견디고 참아야 한다는 말이 그렇게 잔인하게 느껴졌던 나지만 '시간이 해결해 주겠지. 다 지나갈 거야. 엄마잖아. 참아보자.'라고 스스로 되뇌었다.

아, 이게 결국 엄마니까 참아야 한다는 말은 참고 싶어서 참는다기 보다 내가 살려고 나만의 방법으로 참는 거구나. 만삭이었을 때, 지금이 젤 편할 때야 라는 말을 믿지 않았던 과거의 나처럼, 엄마는 참고 견뎌야 한다는 말을 단어로만 해석하고 이해했구나.

내가 만약 지금이 너무 힘들고 지치고 어려워서 직장을 그만두게 된다면? 이라는 가정으로 생각을 해봤다. 아이는 쑥쑥 자라 초등학교, 중학교, 고등학교를 지나 대학교에 가려면 20년.

그때까지는 아이를 잘 양육하고자 하는 부모라는 이름의 책임을 다하기 위해 열심히 경제활동을 해야 할 텐데. 이제 생후 3년 차인 아이를 키우며 일하는 것이 힘들다는 이유로, 내가 조금 편해지자고 그만두면 남은 17년은 어쩌지라는 생각.

그리고 지금은 아빠, 엄마가 제일 좋은 시기이기에 매사에 나의 손이 늘 필요하다. 그렇지만 초등학교에 들어가면 엄마보다 친구들과의 시간이 더 좋고 즐거울 테니. 내가 직접 밀착 케어하고 살을 비빌 일도 이제 길어봐야 4년 정도밖에 남지 않았다고 생각해 보니 '지금까지 육아해 온 시간만큼만 힘내면 되겠네-조금만 더 힘내자'라는 기쁨보다는 어딘지 모를 씁쓸함과 아쉬움부터 생긴다.

그래서 시간이 빨리 흐르길 바라기 보다, 매 순간을 눈과 마음에 소중히 간직하고 느끼며 의미를 부여해 보려 노력하게 된다. 그렇게 경제적 가치를 따라가다 예상치 못하게 아이와 더 가까이 보낼 수 있는 시간을 내가 불평불만과 투정으로 채우고 있었다는 것을 깨닫고 나서는 생각을 전환해 본다.

괜스레 빠르게 흐르지 않는 시간을 탓하고 있었던 엄마의 모습과 그 마음을 알아챘을 아이를 생각하니 미안함이 몰려온다. 혹시나 '나는 엄마랑 보내는 시간이 좋은데, 엄마는 아닌가'라고 생각했으면 어쩌지. 이럴 때는 그 미안함이 죄책감으로 자책으로 자존감 하락으로 이어지지 않도록 나를 꽉 잡아야 한다. 그런 부정적 생각의 흐름이 결국 나를 집어삼키고 있음을 깨달았다.

그리고 그런 생각이야말로 시간 낭비더라. 그런 생각할 시간에 차라리 아이 앞에서 있는 힘껏 방귀를 뀌어 재미라도 선사해 주자. 그런 마음으로 아이를 보며 활짝 웃으며 세상 익살스러운 표정으로 아이에게 '너를 진심으로 사랑하고 있음'을 표현하자.

육아 선배들이 그랬다. 육아는 시기별로 지날수록 퀘스트 깨듯 새로운 과제들이 다가온다고. 그래도 내 속에서 나온 새로운 생명체를 인간답게, 적어도 나보다 나은 인간으로 성장하도록 돕는다는 생각으로 함께하면 그렇게 뿌듯할 수 없다고.

육아 3년 차에 접어들며 내린 나의 결론은 '시간이 지나면 정말 나아지지 않는다.'이다. 다만, 나아질 육아의 난이도에 초점을 맞추기보다는 아이와 함께 만들 소중한 시간이 생각보다 얼마 남지 않았음을 인식해 보길 추천한다.

'그래 나는 오늘, 나보다 나을 아이의 미래를 함께 만드는 중이야'라는 사명감으로 워킹맘의 하루를 시작해 본다. 라며 말이다.

자 이제 출근하자.

한 아이를 키우려면
온 마을이 필요하다

비혼주의자였던 나는 결혼과 동시에 아이는 꼭 셋을 낳을 거라고 남편과 가족, 지인들에게 말했다. 모두 하나같이 황당해했다. 결혼도 안 하겠다고 하더니, 갑자기 결혼하고는 아이를 낳겠다고 하지를 않나, 하나도 둘도 아닌 셋씩이나? 라는 질문으로 시작해 '일단 하나부터 낳아보고 생각해'라고 다들 말했다.

언제든 내 생각, 고집대로 하고야 마는(사실은 누가 뭐래도 내가 해봐야 직성이 풀리는) 사람이기에 아이 세 명을 낳겠다고 결심 그리고 선언을 한 후에 제일 먼저 아이 세 명의 태명부터 지었다.

직장에서 사내 1호 커플이었던 나와 남편은 숑과 쿠르라는 닉네임을 사용했는데, 둘의 이름을 합친 태명을 만들었다. 첫째는 쿠숑, 둘째는 르숑, 셋째는 숑숑. 흔하지 않고, 세상 어디에도 없을 태명이라며 혼자 뿌듯해했다. 그리고 의미도 쿠르와 숑이 만나 숑을 더 많이 닮을 숑숑이까지 낳아 행복한 다섯 가족을 만든다는 나름의 스토리텔링도 얹어보았다.

쿠숑이를 자연분만으로 출산하던 현장에서 쿠숑이가 내 몸에서 나오자마자 나만큼이나 마음 졸이며 출산의 고통을 함께한 남편에게 내가 한 첫 마디는 '우리 둘째, 셋째는 제왕절개야'였다. 그렇게 말로는 다 담을 수 없는 고통을 지나, 아이가 태어나는 경이로운 순간. 그 순간 내가 남편에게 건넨 첫마디가 둘째, 셋째 출산 방식이라니. 참, 나도 알 수 없는 사람이구나 싶다.

하지만 곧이어 나의 첫 마디를 들은 후처치 중이시던 의사 선생님 말씀이 용기를 얻게 해주셨다. "산모님, 힘들게라도 첫째 자연분만 하고 나면 둘째, 셋째 자연분만은 쉬워요."라고. 선생님 말씀에 나는 고민 없이 "아 정말요? 그럼, 그때 가서 고민해봐야겠어요."

아니 조금 전까지만 해도 세상이 떠나가라 고라니 소리를 내며 포효하던 그 산모님 맞나? 출산 바로 직전에는 '으악 선생님 저는 못 하겠어요! 수술할래요!'라고 말하던 바로 그 산모님?

그렇게 아이를 낳자마자 고통을 잊고, 다음 출산을 생각하는 호기롭고도 신기한 산모님이었던 나.

하지만 실전에 부딪혀 어려움을 겪다 보면 계획도 수정되기 마련이다. 직접 육아도 일도 병행하다 보니, 아무래도 셋째까지는 힘들지 않을까? 하는 현실적인 고민이 처음으로 들었다. 무엇보다 내 나이도 생각하면 임신 과정과 출산을 겪고, 또 육아 x2, x3을 생각해 보니 내가 하얗게 불태워지다 못해 재로 남을 것 같은 두려움이 생겼다. 우선 작전상 둘째 르숑이까지 낳아보고 결정하자고 혼자서 아무도 모르게 계획을 쓱쓱 수정했다.

그리고 쿠숑이를 최대한 가족의 도움 없이 남편과 둘이서 완벽하게 키워내고 싶었다. 그래야 둘째도 혹시 모를 셋째까지 감당할 수 있을 것 같았다. 직장 생활을 하는 부부가 한 아이도 계획적으로 육아하지 못한다면 아이가 둘이 되고 셋이 되었을 때, 그 무엇도 제대로 할 수 없을 거니까.

그래서 나는 출산 후 육아휴직 동안 홀로 육아하면서 가까이 사는 친정엄마의 도움을 요청하지 않았다. 우리 엄마에게도 아기인 나지만, 엄마에게는 한없이 신경 쓰이고 부족한 초보 엄마겠지만 내가 어떻게든 해내는 모습을 보여주고 싶었다. 그래야 둘째가 생겼을 때, 조금은 덜 뻔뻔하게 엄마 도움을 요청할 수 있을 거로 생각했다. 친정엄마의 도움이 당연한 것은 아니기도 하니까.

하지만 복직을 앞두고는 엄마의 도움이 필요했다. 육아의 도움을 주실 분을 모시자니 돈도 돈이지만, 좋은 분을 만나는 것도, 아이와 나와 그분의 합을 맞추고 적응하는 시간도 쉽지 않았다. 또 의심 많은 내가 아이를 믿고 맡길 수 있을까 하는 생각에 과감히 포기하게 되는 선택지였다.

어떻게든 우리 엄마의 도움 없이 남편과 둘이 해결할 수 있는 방법을 찾았지만 쉽지 않아 고민에 빠졌다. 좀처럼 도움을 요청하지 않던 딸에게 엄마가 먼저 제안했다. "복직하면 회사에 적응하고 일 잘 해내려면 챙길 것도 많을 텐데, 엄마가 도와줄게. 복직 전부터 쿠숑이랑 더 가까워져야 하니까 미리 하원도 하고, 연습해 보는 거 어때?" 어흑 엄마, 사랑해요. 고마워요 라는 말이 절로 나왔다. 엄마는 역시 내 생각, 고민, 마음을 미리 알고 있었나 보다.

그렇게 복직 전부터 어린이집 하원, 집에 와서 저녁먹이기, 놀아주기 시간으로 쿠숑이와 쿠숑이 할머니가 가까워지는 시간을 보냈다. 엄마와 우리 집이 먼 거리는 아니지만 차로 20분 정도를 이동해야 했기에 차량 이동에는 운전사 쿠숑이 할아버지가 동원되었다. 그리고 대부분은 엄마 집 근처에 사는 쿠숑이 삼촌(내 동생)이 메인 운전사로 도와주었다. 우리 엄마, 아빠와 동생이 나의 성공적이고도 안정적인 복직 준비를 도왔다. 그리고 도움을 준 한 명의 고마운 지원군이 또 있다.

바로 사랑스러운 나의 첫 조카. 내 동생의 아들 메밀이(조카의 태명이다). 쿠숑이보다 1년 먼저 태어난 멋진 왕자님이다. 사실 내 동생은 메밀이 하원 후, 우리 엄마 집으로 가서 할아버지와 할머니에게 메밀이를 맡기고 방문을 닫고 쓱 들어가 일을 하시는 분이다. 그럼 또 말없이 메밀이와 즐겁게 놀아주고 저녁도 먹여 주시니 동생은 이런 핵 이득의 상황을 잘도 활용했다.

그런 동생 덕에 손주와 보내는 시간이 행복하지만, 집에 가고 나면 더 행복한, 그렇지만 늘 보고 싶은 할머니와 할아버지의 사정을 알기에 나는 더 부모님에게 나도 육아를 도와달라고 말할 수 없기도 했다. 내 눈에도 조카가 세상에서 제일 예쁘고 좋지만, 힘들어하는 부모님을 보며 속상함도 꽤 컸기 때문이다. 그런데 딸이 안쓰러웠던 엄마가 딸이 마음으로 보내던 SOS 신호를 알고, 미리 제안을 주셨던 것.

메밀이에게도 쿠숑이에게도 할머니의 도움이 필요한 상황이 되자, 내 동생은 메밀이 하원 후 엄마를 차로 모시고, 쿠숑이 어린이집으로 향한다. 쿠숑이까지 하원을 마치면 우리 집으로 모두 모여 하원 후 육아가 시작된다. 그리고 동생은 우리 집 방 어딘가로 혹은 집 근처 카페로 가서 일을 한다. (참고로 동생은 미국을 오가며 일을 하는 대표님이다. 그래서 밤낮없이 일을 한다. 그런 동생도 안쓰러울 때가 많지만, 엄마의 도움을 참 잘도 활용한다. 짜식.)

그렇게 메밀이와 쿠숑이의 할머니는 우리 집에서 아이 둘 육아를 시작한다. 아이가 둘이 있으니 서로 잘 놀기는 하지만 둘이 알아서 놀지는 않으니, 할머니가 열심히 함께 놀아주시느라 에너지가 빠져나간다. 놀다 저녁밥을 먹을 시간에는 내가 미리 만들어 놓은 아이의 반찬들과 국을 꺼내어 먹여주신다.

정해진 밥은 끝까지 먹여야 하는, 먹이고야 마는 나의 집착적인 모습이 엄마로부터 온 것임을 깨닫는 순간이다. 나처럼 먹이는데 1~2시간이 걸려도 끝까지 먹이는 사람을 딱 두 명 봤다. 바로 우리 엄마와 내 동생. 역시 그렇게 자라와서 우리도 그렇게 자식들에게 하는구나. 역시 밥 먹이는 스타일이 딱 내 스타일이야를 여러 번 외친다.

메밀이도 쿠숑이와 함께 저녁을 먹으면 좋지만, 메밀이는 집에서 저녁을 먹여야 했기에 우리 집에서 저녁 6:30~7:00 사이에는 엄마를 모시고 떠나야 한다. 그래서 나는 퇴근 시간이 다가오면 초조해진다. 메밀이가 저녁 먹으러 집에서 출발해야 하기에 빠르게 퇴근 후 집에 가서 엄마와 바톤터치를 해야 하니까.

어쩌다 나의 퇴근이 늦어질 때면, 동생과 메밀이는 퇴장 하고 우리 아빠가 교체 투입된다. 엄마를 집에다 모셔다드릴 운전사이자 손주들의 인기 폭발인, 내 텐션의 기원인 아빠가 등장하면 아이들의 혼을 쏙 빼놓는다. 든든한 지원군이 한 명 더 등장해 주셨으니, 나는 조금은 마음 편히 남은 업무들을 처리한다.

사실은 마음이 계속 불편한 채로 업무를 이어간다. 나이 든 아빠와 엄마가 늦은 시간까지 아이를 봐주신 것이 죄송함과 죄책감으로 몰려오지만, 이렇게 도움을 요청할 수 있음에 기꺼이 도움을 주실 수 있음에 감사하게 된다.

내가 더 늦어지는 때면, 남편이 교체 투입되면 좋겠다는 생각을 많이 한다. 실제로 남편이 투입된 적도 아주 간혹 있었지만, 남편 투입도 어려운 때면 괜히 남편이 원망 될 때도 있었다. 우리 엄마와 아빠가 고생해 주시는데 라는 생각으로 말이다.

어떻게든 나의 복직에는 우리 가족이 총동원되어 도움을 주었다. 역시 이래서 아이 하나를 키우기 위해서는 온 마을이 필요하다고 하나보다. 역시 가족이 최고다.

그리고 이제야 알겠다. 내가 엄마의 딸이라는 사실이, 얼마나 든든하고 따뜻한 마을이었는지를.

배려와 배제의 한 끗 차이

　아이를 낳기 전에 육아 선배들에게 아이 키우니까 어때? 라는 질문에 답은 항상 '응 너무 힘들어서 미쳐버릴 것 같아. 그래도 아이가 너무 예쁘고 행복해'라는 말을 듣고는 '뭐라는 거야. 미치게 힘든데 어떻게 행복하다는 거야. 앞뒤가 안 맞잖아'라고 생각했다.
　실제 내가 육아를 해보니, 정말 그런 서로 다른 감정이 올라오는 지킬 앤 하이드가 된 듯한 나를 발견했다. 아이라는 복덩이가 나에게 와서 늘 감사하고 더할 나위 없이 행복하지만, 다 내려놓고 포기하고 싶을 만큼 육아라는 과제가 벅차다. 우는 아이를 보며 지친 내 심신에 깊은 빡침과 화가 치밀어 오른다.

그래도 어떻게든 자기의 감정을 온몸으로, 울음으로 표현하는 아이가 귀엽고 대견하고 사랑스럽기도 하다.

이런 양가감정은 살면서 늘 있었던 것 같지만, 육아라는 세계를 만나며 더 강하게 드러나는 것 같다. 그리고 그런 양가감정에 내가 매몰되는 경험도 참 많다. 이런 소용돌이는 회사에 복직하고도 다른 방식으로 나를 괴롭혔다.

육아도 일도 하는 워킹맘이지만, 누구보다 더 잘하고 싶은 마음은 한결같다. 다만 현실의 벽에 부딪혀서 잘하고 싶은 마음이 한 단계 낮춰져 '주어진 거라도 잘하자'로 변하는 경우가 더 많다.

그럼에도 불구하고 일도 잘하고, 육아도 잘하는 엄마가 되고 싶기에 둘 다 욕심을 부려보게 되기도 한다. 마음만은 말이다. 그렇지만 나의 상황과 상태를 더 잘 아는 회사에서는 나름의 배려로 굵직하고 호흡이 긴 프로젝트보다는 빠르고 단기간 프로젝트들을 배치해 준다.

그 얼마나 감사하고, 미리 말하지 않아도 배려해 주는 조치인가. 그렇지만 이런 배려 받은 업무 배치는 감사함으로 시작해서 결국은 '나 지금 육아하는 사람이라고 못 믿고 배제한 거야? 나가라는 신호야?'로 확대해석하여 마음을 괴롭힌다. 조금 더 나아가 '나도 그 프로젝트 하고 싶었는데, 맡겨주면 누구보다 잘

할 건데 왜 난 뺐지?' 어쩌면 정말 내가 부족해서 배제된 것이 팩트일 수도 있겠지만, 직접 듣지 않은 일을 내가 굳이 꺼내 와 내 마음의 생채기까지 일부러 내고 있었다.

또 반대로 나를 믿고 큰 프로젝트를 맡겨주었다면, '뭐야, 나 지금 육아와 병행하는 상황인 거 몰라? 그런데 이런 거 왜 고려하지도 못하고 배려 안 해주는 거야?'라고 생각할 거면서.

그저 주어진 상황을 다 부정하며, 내 지금 상황을 누가 더 알아주기를 바라는 것은 아닐까. 마치 발악하듯이.

이러면 저러고, 저러면 이러는 변덕쟁이 워킹맘이 되어버린 것도 인정한다. 하지만 나의 상반된 감정만큼이나 배려라는 이름으로 배제되는 경우도 적지 않은 것도 사실이다. 그래서 속상한 감정들도 많지만 내가 힘들지 않기 위해서 아무렇지 않은 척 꿀꺽 삼켜낸 것들도 많다.

이것은 경력도 나이도 애매한 시니어라 더 그런 것 같다. 민망하고 속상해도 아닌척하려는 마음도 한 스푼 더해진 듯하다. 그럼에도 불구하고 나는 오늘 하루도 잘 살아내야 하므로. 감정이라는 것에 사로잡히면 한없이 소용돌이를 타고 바닥까지 떨어지는 나인 것을 알기에. 그저 상황을 감정 없이 있는 그대로 받아들이려 노력한다. 그러고는 나름대로 긍정적인 해석을 한다. 그리고 내가 할 일만 생각하고 더도 덜도 말고 할 수 있는데 까지 최선을 다한다.

심리학에는 '귀인이론(Attribution Theory)'이라는 개념이 있다. 어떤 사건이 일어났을 때, 그 이유를 내가 어떻게 해석하느냐에 따라 감정이 달라진다는 것이다.

예를 들어 회사에서 큰 프로젝트에서 빠졌을 때, '내 상황을 배려해서 뺀 거구나'라고 생각하면 감사한 마음이 들지만, '나를 능력 없다고 생각해서 뺀 거야'라고 해석하면 서운함과 분노가 올라온다.

결국 사건 자체보다 중요한 건 '내 해석'이고, 해석이 곧 감정의 빛깔을 결정한다. 그래서 나는 배려든 배제든 나에 대해 알아주는 누군가가 있다고 조금 더 긍정 회로를 돌려본다.

배려 받았을 때는 '어머 내 상황을 어떻게 잘 알고, 따뜻하기도 하셔라'

배제 받았을 때는 '어머 내 상황을 어떻게 잘 알고, 섬세하기도 하셔라.'

어쩌면 상대는 나를 위한 배려였는데, 나는 배제로 오해한 때도 있을 수 있다. 반대로 상대는 배제한 건데 내가 배려라고 오해할 수도 있고.

그렇지만 상대가 어떤 의도였든, 어떤 선물을 준 것이든 어떻게 받아들일지는 내 몫이다. 그리고 감정도 내가 선택한다.

이렇게 쓰고 있지만 나는 오늘도 여러 번 회사에서 다른 사람의 배려를 '배제했어 날! 네가 감히 나를'이라고 생각했는지도 모르겠다. 그래도 이렇게 글을 통해 하소연해 볼 수 있어서 다행이고, 감사하다.

배려든 배제든 참 고오맙습니다.

저도 백조의 물속 다리처럼 미친 듯이 헤엄치며 살려고 발버둥 치며 노력하고 있는 겁니다.

나도 끝까지 잘 해내고 싶다

자연분만으로 우리 쿠숑이를 낳고 부모님과 통화를 했을 때, 우리 엄마의 눈가는 촉촉했다. 그리고 말했다. "고생했어, 어이구 독한 년!" 임신과 동시에 자연분만 선언을 한 나에게 나는 쫄보이기 때문에 못 할 거라고 했다. 분명 포기할 거라고.

하지만 결국 자연분만으로 출산하고, 전화로 "엄마 봤지, 나 해냈어!"라고 말하는 딸에게 대견함과 걱정에 터져 나온 엄마의 말이었다. 자연분만을 꼭 해보고 싶었고, 엄마의 그런 말이 자극제가 되어 나도 꼭, 반드시 해낼 수 있다는 것을 보여주고 싶었다. 물론, 내 의지만으로 자연분만에 성공한 것은 아니지만 결과적으로는 쫄보가 중간에 포기하지 않고, 잘 버텨내어 자연분만으로 출산했으니 말이다.

나는 쉽게 지르고, 질리는 성향이 있기는 하지만 무언가에 꽂히고 해야겠다는 마음을 먹으면 불도저처럼 무한 질주한다. 간혹 독종 같다는 이야기를 듣기도 했다.

20대 초반부터 시작한 사회생활에서도 그랬다. 주어진 것은 어떻게든 끝까지 해내고 싶은 마음과 함께 누구보다 눈에 띄게 잘하고 싶었다. 사회 초년생 때는 성실함과 꾸준함이 필수적이었다. 연차가 쌓이면서 약간의 노하우와 노련함이 더해졌고 일과 삶이 그냥 하나가 되었다. 내 삶은 그냥 일로 채워져 있다는 생각으로 말이다. 자나 깨나 일 생각, 친구들과 만난 자리에서도 회사 메일이라도 오면 무조건 다시 회사원 모드로 전환했다.

그런 나를 보며 지인들은 '회사가 네 거야? 적당히 해. 누가 알아준다고 그렇게 열심히야' 라고 했다. 일과 삶을 분리하지 못하고, 그저 일에만 빠져 있는 내가 안쓰러웠던 지인들의 쓴소리였다. 나도 알았다. 일과 나를 동일시하는 내가 열정이 과하다 못해 집착하고 있다는 사실을.

하지만 사회생활에서 치열하게 나만의 성과를 이루어내어 대체 불가한 인정받는 사람이 되고 싶었다.

그래서 일을 할 때 '적당히, 어느 정도만 하면 되지'라는 말을 하거나 그렇게 일하는 사람들이 싫었다. 조금 더 솔직히 그때는 그런 사람들이 바보 같고 비겁하다고 생각했다. 그리고 잘못된 거라고 확신했다. 어떻게 회사 월급을 받으면서 회사에서 주어진 일들을 그렇게 대할 수 있지? 라는 나만의 판단과 편견이었다.

그렇게 일이 나인지 내가 일인지 구분할 수 없게 일에만 몰입하던 나에게 몸이 브레이크를 걸었다. 30대 초반 갑상선암 진단 후, 약 2달의 회복기를 가지고는 잠시 일에 대한 열정을 내려놓고 삶에 달관한 듯 보였다. 하지만 사람은 변하지 않는 법.

일이라는 과제 앞에서 나는 다시 열정의 시동을 걸고 있었고, 나는 여전히 적당히라는 말을 혐오하며 나만의 방식을 고수했다. 그렇게 하지 않으면 사회에서 도태될 것 같다는 막연한 불안감도 있었다.

그런 내가 출산 후, 복직했을 때도 언제나 그렇듯 속에서 끓어오르는 열정의 시동이 있었지만, 현실의 벽에 부딪혀 시동은 제대로 걸리지 못했다. 오히려 불안의 시동이 작동해 온몸이 불안 덩어리가 되고 있었다. 출산 후 느려진 나의 몸속 모든 기능들은 업무를 위한 기능에 연신 에러 메시지를 보내댔다.

더 큰 문제는 업무를 위한 기능에만 에러가 난 거라면 조금만 가동해 보면 예전만큼까지는 아니어도 어느 정도 문제없이 돌아는 갔을 거다. 그런데 업무도 육아도 함께 난 에러를 어떻게 해결할지 막막했다. '그 막막함 속에서도 균형 있게 조금씩 조율하며 적응해 나가면 되지'라고 아무리 긍정 회로를 돌려봐도 쉽지 않았다.

이미 높아진 나의 기준인 '적당히란 절대 없어. 무조건 완벽하게'가 나의 족쇄가 되었다.

하지만 현실적으로 내가 살기 위해, 일도 육아도 무너지지 않기 위해, 스스로 '적당히'라는 말의 재정의가 필요했다.

그동안 나에게 적당히라는 말은 '대충'에 가까웠다. 어중간하게, 요령을 피우는 것처럼 부정적 의미가 컸다. 하지만 이제는 그 적당한 것이 '내가 할 수 있을 만큼 최선을 다해서', '충분히 노력해 보고'로 정의 내렸다. 열정을 불태우고 내 혼을 갈아 넣지는 못해도 그동안 내가 쌓아온 내공과 노하우를 넣어 할 수 있는 한 최선을 다하면 되겠다고 다짐한다.

그리고 내가 할 수 있는 만큼 최선을 다했음에도 노력대비 결과가 따라오지 않는다고 자책감을 가지지 않겠노라고 마음먹었다. 물론 더 나은 결과를 위해 개선하고 또 다른 노력을 해야 할 거다.

그렇지만 여전히 마음만은 '예전처럼 한번 열정을 태워봐?'라고 하지만, 실행은 쉽지 않은 현실이다. 가끔은 내가 너무 현실에 타협하여 비겁해진 것은 아닐까 싶다. 그럼에도 일도 육아도 끝까지 잘 해내고 싶은 욕심에 현재 내가 할 수 있는 최선만 생각한다.

누가 그랬다. 무언가를 선택할 때, 최고를 선택하면 가장 좋지만, 최악보다는 차악을 차악보다는 최선을 선택할 수 있도록 하면 된다고.

워킹맘에게 일은 그런 것 같다. 최고가 되면 누가 안 좋겠는가. 하지만 상황에 맞춰 최악을 피해 차악을, 최고가 아니더라도 최선의 선택을 하며 일과 육아의 균형을 매일매일 맞춰가는 중이다.

누구나 그렇듯, 나도 끝까지 잘 해내고 싶다.

나도 그럴듯하게 최고의 모습을 만들고 싶다.

직장에서의 내 존재감

 사람들 앞에 서는 것을 떨지 않고 즐기는 사람이 바로 나였다. 관심을 받는 것이 좋았고, 내가 에너지를 전하고 있다는 느낌이 나를 설레고 짜릿하게 만든다. 그러면서 내가 살아있음을 느끼곤 했다. 그래서 사내 교육을 설계하고 진행할 때도, 한편의 공연을 만들고 무대에 올리고, 연기하듯이 공을 들여 연구했다. 그리고 무대에 공개하고 피드백을 받아 개선하는 과정이 나를 더 발전시킨다고 느꼈다.
 내가 기획하고 개발하고 직접 진행한 과정이 참여 구성원들의 피드백이 좋고, 직접 나에게 와서 좋았던 점들을 전해줄 때면 노력의 결실들이 잘 전달된 것 같아 기쁨을 느낀다. 계획처럼 잘 되지 않아도, 또 기회를 만들어 개선하면 되니까. 라는 자신감이 늘 있는 나였다.

하지만 복직하고 돌아온 나는 시간이 흘러도, 사람들 앞에 서는 것을 즐길 수 없었다. 말 하나하나에 무게감이 있어야 할 것 같고, 실수할 것 같았다. 그리고 사람들이 나를 보는 시선에 괜히 주눅이 들었다. 원래의 모습과 180도 달라진 나의 상태에 당황스러웠다. 그러면서 자꾸 주위의 시선을 의식하고 눈치 보며 한없이 작아지는 나였다.

그렇지만 사람들 앞에 서는 것이 힘들다고, 두렵다고 말할 수가 없었다. 말하는 순간 혹은 그런 나임을 들키는 순간 내가 할 수 있는 일들이 사라질 것 같아서.

그래서 아무렇지 않은 척해본다.

매사에 긍정적인 척, 떨리지 않는 척. 일도 육아도 잘 해내는 척. 어쩌다 실수라도 하면, 실수를 덮고 숨기기보다 자신을 낮추며 허허거려보기도 한다. 그렇지만 마음속으로는 혹여나 나를 바보 멍청이로 알지 않을까 살짝 긴장도 한다.

실없이 웃어버리니 또 괜찮아지는 것도 같다가 괜히 머쓱해진다. 이런 경험이 여러 차례 쌓여 실없이 웃다 보니 또 아무렇지 않아지기도 하더라.

실수야 뭐 사람이니 할 수 있는 거고, 또 안 하도록 노력하면 되는 거고 또 실수하면 계속 안 하려고 노력하면 되는 거지 뭐!라고 생각한다.

그렇게 뻔뻔해지는 것 같지만 나만의 살아가는 방법을 조금씩 터득하는 중이다.

초등학교 2학년 때, 아빠와 엄마 얼굴을 그려서 교실에 전시한 적이 있다. 학부모 참관수업에 엄마가 오셨을 때, 내가 그린 그림을 자랑했다가 엄마한테 엄청 혼이 났다. 그 이유는 아빠 얼굴을 그리고는 그 아래 '우스운 우리 아빠'라고 쓴 것 때문이다.

어려서부터 세상에서 제일 유쾌하고 재미있었던 아빠를 가장 좋아하던 초등학교 2학년 딸은 아빠를 표현할 최고의 수식어를 고민하다가 '웃긴' 보다는 조금 긴 '우스운'이라는 것을 선택하게 된 것이다. 그때의 어린 나는 웃긴과 우스운이 동의어라고 생각했고, 나는 우리 아빠를 학교 모두에게 자랑하고 싶었다.

그런데 엄마는 내가 잘못 알았다는 사실을 알고 제대로 알려주려 하기보다는 잘못 쓴 수식어 세 글자에 꽂혔다. 내가 아빠를 학교에 우스운 사람 취급하여 써넣었다고 나무랐다. 그것도 여러 번.

참 어린 마음에 '엄마는 꼭 저렇게 말해야 해?'라는 생각은 전혀 하지 못했다.

그저 '내가 그냥 바보 같았다. 내가 우리 아빠를 정말 우습게 만들었구나. 바보. 난 혼날 만해. 엄마가 그래서 화난 거였구나'라고만 생각했다.

그 계기 때문인지 나는 어디서든 내가 우스워지지 않도록, 나로 인해 다른 사람들이 우스워지지 않도록 하려 신경을 많이 쓴다. 그래서 더 체면을 중시하게 된 것인가 싶다.

그런데 내가 지금 직장에서 우스운 존재가 된 것만 같다.

언제든 반짝이고 눈에 띄는 나라고 생각해 온 20~30대 시절이 스쳐 지나간다. 그저 지금의 나는 육아하는 워킹맘이라는 핑계로 직장에서 뒷방 늙은이가 되어버린 것 같은 이 찜찜한 느낌.

그럼에도 불구하고, 열심히 담담한 척 가면을 쓰고 하루를 시작한다. 열정도 있고 역량도 있는데 임팩트 있게 기여하지 못하는 나에게 스스로 좌절하는 하루가 또 시작되겠지. 그래도 나도 쓸만한 사람이었었고, 아직도 쓸만하다고 스스로에게 응원을 보내면서 말이다.

괜찮다고 말하고 괜찮은 척했지만, 사실은 괜찮지 않다. 어떻게든 버티고 있다. 살기 위해.

저 여기 있어요. 애매모호한 경력과 나이의 복직자, 워킹맘이요.

저 지금 쓸모 있는 것 맞죠? 맞다고 해줘요.

저 여기서 필요한 사람이라고 말해주세요.

세상에서 우리 엄마가
제일 예쁘고 멋져

　육아라는 이름으로 부모가 아이를 키우고 있기는 하지만, 사실 아이로 인해 내가 자라고 있다. 아이가 나를 키우고 있다고 해도 과언이 아니다.

　아이를 통해 하루하루 내가 조금 더 나은 인간으로 진화한다고 느끼고 있으니 말이다.

　엄마의 모든 행동 하나하나를 닮고 싶어 하는 우리 딸이다. 내가 짓는 표정도, 앉아 있는 자세도, 누군가랑 이야기할 때 리액션, 감탄사도 무엇 하나 놓치지 않고 꼼꼼하게 눈에 담아두고 기억한다. 그러고는 비슷한 상황에 나와 똑같은 표현과 표정을 짓는다.

아이에게 스며든 나의 작고 사소한 모든 모습에 다시 한번 나를 점검하고 좋은 사람이 되기 위해 노력하게 된다.

화장실에 갈 때도 따라와서 변기에 앉아 있는 내 손을 꼭 잡고는 "우리 엄마 힘내. 내가 힘을 보내줄게."라고 말한다. 그러고는 일을 마친 변기를 들여다보며 "어머, 우리 엄마는 쉬도 노오랗고 너무 예쁘다. 우리 엄마는 어쩜 이렇게 다 예쁘지. 오구 잘했어."라고 말하는 딸을 보면 웃음이 흘러나온다. 우리 엄마도 40년 동안 나에게 한 번도 해준 적 없는 칭찬이다.

그리고 나도 이렇게 누군가에게 사랑받을 수 있는 사람이라는 깨달음에 벅차오른다. 내 노오란 소변이 이렇게 벅차오름까지 이어질 수 있게 만드는 것은 바로 세상 무엇과도 바꿀 수 없는 내 분신과 같은 아이다.

매일 아침 아이와 차로 출근한다. 아이를 회사 어린이집에 먼저 등원시키고, 나는 회사로 출근한다. 등·하원하는 차에서 서로의 일상 이야기를 많이 나누는 우리 모녀. 어린이집을 좋아하는 아이지만 가끔은 "엄마, 아빠랑 떨어지기 싫어. 어린이집 대신 엄마, 아빠랑 하루 종일 놀고 싶어"라며 울 때도 있다.

그때마다 나는 말한다.

"아빠와 엄마가 일을 해야 우리 쿠숑이 예쁜 옷도 맛있는 음식도 사줄 수 있는걸. 아빠 엄마는 회사에서 열심히 하는 게 일이고 우리 아가는 어린이집에서 재밌게 노는 게 일이야! 알았지?"

그럼 놀랍게도 우리 아가는 눈물을 훔치며 말한다.

"이 예쁜 옷도 아빠랑 엄마가 일해서 사준 거야? 엄마랑 아빠가 일해야 맛있는 고기도 먹을 수 있는 거야? 그럼 내가 어린이집에서 재밌게 놀아야겠네!"

아이의 씩씩하고 대견한 답에 나는 이렇게 말한다.

"맞아 맞아, 그럼 우리 각자 자리에서 시간을 즐겁게 보내자. 그리고 저녁에 누가 누가 재밌는 시간 보냈는지 이야기하자. 아마도 엄마가 오늘 하루 제일 재밌게 보낼 것 같은데~"

"아니야 아니야. 쿠숑이가 제일 재밌는 하루 보낼 거거든. 내가 1등 할 거야!"

"오, 하지만 엄마가 1등 할 건데~"

"아니야 나야 나야!"

"그럼 어린이집에 도착해서 웃으면서 헤어져 볼까? 그럼, 우리 아가가 1등 할지도 몰라"

그러고는 어린이집에 도착하자마자 전력 질주로 뛰어 들어가서는 있는 힘껏 손을 흔들며 인사한다.

정말 기특하고 귀엽고 뿌듯하지만, 또 미안함이 마음 한쪽에 남는다. 그래도 나와의 시간보다 어린이집에서 더 많은 것을 배우고 성장해서 오기에 애써 스스로 위로를 한다.

그런 엄마의 미안한 마음을 아는지, 그렇게 하루를 보내고 저녁 시간에 식탁에 둘러앉아 서로의 하루를 이야기할 때면 딸이 나에게 말한다.

"엄마, 나는 커서 엄마처럼 멋지게 일할 거야. 엄마가 세상에서 제일 멋있거든. 사랑해 엄마~"

나도 모르게 눈 앞을 가릴 만큼 눈물이 차며 목이 멘다.

'너 다 알고 있구나. 나는 매일의 회사 생활이 전쟁 같고 겨우겨우 살아남으려 발버둥 치는데, 그런 엄마를 닮고 싶다고 말해주다니. 내가 더 잘할게. 내 사랑아'

매일 밤, 잠에 들기 전에 아이와 침대에 나란히 누워 서로에게 해주는 말이 있다. 서로의 귀에 대고 말한다.

'엄마, 엄마 딸로 태어나게 해줘서 고마워. 사랑해'

'엄마 딸로 태어나 줘서 정말 고마워'라고 소곤소곤 말한다.

세상 달콤하고 하루의 피로가 녹는 우리만의 루틴이다. 내가 살아있는, 살아가는 이유가 여기 있구나 싶은 순간이다.

오늘 아침에는 갑자기 아이가 나에게 다가와서 쓱 안으며 말했다.

"나를 키워줘서 고맙습니다. 엄마!" 갑작스러운 아이의 고백에 또 눈물이 터졌다. 뭐야 뭐야 오늘 어버이날이야? 어쩌다 이렇게 사랑스러운 표현을 잘하는 귀여운 아이가 나의 딸이 되어 주었을까. 이런 나를 선택해 준, 나에게 와준 딸에게 고맙고 감사한 순간이었다.

나는 그런 딸의 사랑을 받는 세상 모든 것을 가진 엄마다. 그런 내가 회사에서는 쫄보에 자존감과 존재감을 잃어가고 있다니. 아마도 아이가 알게 되면 분명 엄마를 토닥이며, '엄마 괜찮아. 내가 있잖아. 엄마는 잘하고 있잖아'라고 말할 것 같다. 엄마의 모든 것을 지지하는 우리 딸이니까.

내가 우리 딸에게 그렇듯 우리 딸도 엄마에 대한 무한 지지와 사랑을 쏟아부어 준다.

말과 표현이 중학생쯤 되는 것 같다고 느끼는 요즘이다. 얼마 전에는 아이의 말에 맞아 맞아 라며 연신 고개를 끄덕인 적이 있다.

"아빠 엄마가 나를 키웠지, 그리고 나도 아빠 엄마 키웠지!"라고. 도대체 이 말을 어떻게 알았으며, 그 뜻을 잘 이해하고, 적절한 상황에 그렇게 말하는 아이를 보며 더 좋은 어른이 되어야겠다고 생각한다.

복직 후, 회사에서 엄마의 모습보다 유능한 직장인의 모습으로 전환하려 여전히 노력 중이지만 쉽지 않다. 하지만 늘 지지하고 사랑을 보내주는 나의 딸이 있기에 그 동력으로 힘을 내

본다.

 일하는 엄마의 모습이 멋지고, 닮고 싶다는 딸인데 또 멋들어지게 해내는 모습을 보여주지.

 생텍쥐페리의 어린 왕자 속의 "보이지 않는다고 해서 존재하지 않는 것은 아니다."라는 문장이 있다. 보이지 않는다고 해서 내가 없는 것은 아니니까. 다만 나를 알아봐 주는 눈이 필요했을 뿐이다.

 그런데 나에게는 나를 알아봐 주는 눈이 가장 가까운 곳에 있고, 또 나 자신도 안다. 쉽지는 않지만, 나는 최선을 다해, 사력을 다해 버텨내며 열심히 노력하는 중이라고.

 엄마는 직함이 아니라 정체성이라는 말처럼 나는 엄마라는 이름이, 워킹맘이라는 나의 역할이 자랑스럽다. 꼭 멋지게 도약하는 모습을 보여줄게.

 나 쿠숑이 엄마야.

보이지 않아도 분명한 가치

　회의실에서, 집에서, 두 세상 사이에서 흔들리더라도 당신은 중요한 구성원이에요. 눈에 띄지 않아도 괜찮아요. 존재감은 소리 없이 쌓여 언젠가 빛이 되니까요. 회사에서의 당신과 집에서의 당신, 그 두 얼굴이 모여 한 사람을 완성해요. 때론 인정받지 못한다는 허무감이 몰려와도, 당신이 쌓은 하루의 무게는 절대로 가벼워지지 않을거니까요. 보이지 않아도 확실히 존재해요. 꼭 잊지마세요.

제4장

일과 사람 사이에서 부서지지 않기 위해

최고의 복지는 좋은 동료

되지 않는 일을 가능하도록, 뻔한 것들을 펀(fun)하도록, 당연한 일을 당연하지 않게 하는 사람들. 그런 사람들과 일하는 것들이 얼마나 의미 있고, 내가 성장하는 일인지 모른다.

코로나가 찾아와 사내 구성원 대상의 오프라인 교육을 하지 못해 갑작스레 모든 일정이 취소되던 때가 있었다. 가만히 취소만 할 수 없어 온라인을 통해 조금 더 효과적이고도 원활한 상호 교류 방식을 다각도로 시도해 보았다. 단순 시도뿐 아니라 높은 퀄리티도 추구했던 우리는 여러 시행착오 끝에 점차 더 나은 방향들을 찾아갔다.

이때 가장 중요한 것은 너의 일과 나의 일을 나누는 영역이

단 한 개도 없었다. 우리 모두의 일이 곧 나의 일이라는 생각이었다. 동료의 어려움과 기쁨이 우리 모두의 어려움과 기쁨이라 여겨질 만큼 우리는 하나로 일하고 있었다. 일할 때 뿐 아니라 사적인 만남으로도 동료들의 가족까지도 함께 알고 여행을 갈 만큼 서로 끈끈했다. 라포가 제대로 형성되었다고나 할까.

그래서 서로의 상황과 상태를 느낌만으로 알 정도로 케미가 좋은 팀이었다. 지금의 팀이 있기 전 최초의 6명 팀이었던 시절 이야기다. 모두 10년 이상의 경력자들이고, 나름 각자 분야의 전문가라 자부할 만큼 뛰어난 역량을 가진 사람들이다. 게다가 인성, 성품, 태도도 뛰어난 정말 멋진 사람들이다. 내가 부족하고 성장해 가기 위해 노력해야만 한다고 늘 느끼게 할 만큼 배울 점 많은 그런 동료들이다.

바로 호용님, 성일님, 세나님, 현주님, 철규님이 그 정예 멤버다. 잠시 나를 성장시키는 지원군들을 소개해 보려 한다.

호용님은 사람의 중요성을 알고, 커뮤니케이션을 굉장히 많이 하는 리더다. 사람의 장점을 통해 더 잘할 수 있는 것을 생각하는 신뢰의 아이콘이랄까. 기꺼이 자신을 낮추고 상대를 높이며 더 능력을 발휘할 수 있도록 돕는다.

그리고 성일님은 굉장히 진중하면서도 세심한 공감의 왕이다. 성일님과 이야기하면 생각하지 못했던 아이디어들이 마구 샘솟는 신기한 경험을 할 수 있다. 그만큼 따뜻한 에너지와 영감을 주는 동료다. 그리고 늘 멋진 질문으로 의미 있는 생각의 확장을 돕는 멋진 사람이다.

세나님은 늘 나에게 확신과 지지를 주는 정신적 메이트 같은 분이다. 무엇이든 끝까지 파고들며, 새롭고 의미 있게 만들어내는 마법을 부리는 진정한 마술사다. 세나님과 함께 라면 못 이뤄낼 것이 없다는 든든함이 늘 있다. 모든 면에서 다재다능한 세나님을 볼 때면 늘 엄지를 척 올리곤 한다.

현주님은 비슷한 시기 입사도 하고, 출산도 한 운명 같은 육아 동지이자 워킹맘으로서 서로에게 든든함을 주고 격려를 보내는 짝꿍이다. 섬세함과 꼼꼼함 그리고 예리함과 지성을 두루 갖춘 현주님은 우리가 놓치고 있는 부분들을 알뜰살뜰 챙겨 주시는 동료다. 워킹맘으로의 공감대가 가장 많아 현주님에게 참 많이 의지하고 눈물도 보이기도 했다.

2장에서도 언급되었던 철규님도 비슷한 시기 둘째를 출산하여 현주님과 함께 팀 육아 동지다. 복직전에는 전화로 현재 회사 상황과 팀 과제를 하나하나 설명해 주며, 복직해서 적응할 걱정하지 말라고 말할 정도로 센스 넘치는 철규님이다. 영상 전문가인 철규님은 코로나 시기 새로운 것을 시도하고 잘 만들 수 있도록 한 장본인이기도 하다. 그런데 철규님은 자신의 전문 분야 외에도 스스로 개발, 디자인 등을 끊임없이 공부한다. 그래서 다방면의 실력을 두루 갖추고 있다. 그런 실력을 동료들을 돕는데 사용하는 아낌없이 주는 나무 같은 동료다.

이런 동료들과 함께하는 회사에서의 시간이 그 어느 때 보다 즐겁고 행복했던 시절이 있었다. 서로가 서로에게 귀감이 되며, 부족한 부분들이 보완되었다. 더 나은 성과와 결과물들을 만드는 일이 매우 의미 있었고, 우리가 함께 성장하고 있음을 직접 느끼게 했다. 무엇보다 길어지는 미팅과 해결점이 보이지 않는 시간에도 즐겁게 일할 수 있어서 좋았고, 또 우리는 어떻게든 최고의 해결점과 결과물을 만들 거라는 확신이 있었다.

그런 든든하고도 배울 점 많은 동료가 진정한 복지다. 나의 결혼과 임신과 출산과 복직의 모든 과정을 함께 보낸 사람들이기도 하다. 나의 흔들리는 상황 속에서 흔들리는 나를 바라보면서도 변하지 않는 지지를 주며, 부족한 나를 끝까지 잡아준 그런 사람들. 그래서 늘 고마움과 미안함이 많은 사람들.

과거 6명이던 우리 팀은 14명으로 확대되어 실로 승격되었고, 두 개의 팀으로 나뉘었다. 더 많은 유능한 동료들이 합류했고, 회사의 상황과 분위기가 변하며 예전의 모두 한 방향으로 함께 일사불란하게 움직이는 모습은 쉽지 않게 되었다. 그래서 더 아쉽고, 복직 후의 적응이 쉽지 않았는지도 모르겠다.

그래도 나름 그 속에서도 우리 6명은 조금 더 애정을 가지고 늘 응원하고 지지하고 돕고 있다. 풍파를 함께 겪어온 시간과 전우애는 사라지지 않으니 말이다.

앞서 소개한 나의 동료들과 일한다는 것은 세상을 살며 다시는 얻지 못할 귀하고도 특별한 일이고 인연이라 생각한다. 마치 아이돌로 치면, '안녕하세요. 서브 보컬과 학예부장을 맡고 있는 숑이예요' 같이 각자가 팀이 의미 있는 결과를 만들기 위한 수식어가 있다.

그 때문인지 팀에 기꺼이 기여하고 싶어 내가 인간적으로 더 성숙하고 나은 사람이 되고 싶다는 마음을 늘 갖게 되었다. '아니 일하려고 만난 사람들인데 인간적 성숙까지 생각하게 된다고? 너무 오버 아니야?'라고 생각할 수도 있다. 하지만 나는 그랬다. 직장 생활 10년 차가 넘어가며 만난 6인방과의 시간에서 처음으로 그런 경험과 다짐을 해본 것 같다. 그래서 나도 신기했다.

좋은 동료가 최고의 복지인 거구나. 재미지게 일할 맛 나는 것이 바로 이런 것이구나를 느끼게 한 소중하고 감사한 사람들.

남편과 육아 전투에서 살아남기

 출산 직후부터 시작된 육아라는 거대한 우주를 탐험하며 약 2년간 가장 높은 비율을 차지하는 감정은 '억울함'이었다. 그리고 '우울감', '외로움', '막막함' 정도의 순으로 어두운 감정들이 나를 감싸는 시간이 지속되었다. 잘 모르겠다는 게 참으로 어렵고, 무서웠다. 또 '왜 나만 이렇게 아등바등하는 거지? 왜 나만 고생하는 거야?'라는 생각이 날 지배한 것 같다.
 그런 감정의 화살은 자연스레 남편에게로 향했다. 임신 과정도 내 뱃속으로 10달 동안 나 홀로, 출산 과정도 자연의 힘을 거슬러 이겨내는 것도 나 혼자의 힘으로, 육아하는 과정도 출근한 남편 대신 내가 홀로, 밤새 보초 서는 육아도 나 혼자 인 것 같고, 아이가 아파서 밤새 열을 재고 챙길 때면 코 골고 자는 모습에도 외롭고 화가 났다.

어쩌면 내가 화를 내면, 내가 원하는 대로 혹은 내가 원하는 어느 정도의 기준에 맞춰주거나 그런 시늉이라도 할 줄 알았다. 그런데 그저 삐걱거릴 뿐, 육아는 그저 나만의 역할이고 몫인 것 같아 매사에 억울했다. 그래서 남편이 계속해서 못마땅했고, 매사에 남편에게 짜증을 내고 화풀이를 했다.

연애 시절부터 싸우면 서로 새우등 터지듯 싸웠던 우리였다. 동갑이기 때문인지, 정말 서로 지려고 하지 않고 연신 으르렁거렸다. 그런데도 운명적으로 질긴 인연은 6년의 연애를 넘어 결혼까지 그리고 육아 전쟁에 동반 참여하는 길로 인도했다. 그렇게 싸워 댔지만 서로 어느 정도 이해하고 아는 사이이니 결혼하고, 아이가 태어나면 서로의 성질이 어느 정도 줄어들 거라 기대했던 것 같다. 아니 당연히 그렇게 되는 줄 알았다.

그런데 반전, 더 심해졌으면 심해졌지, 조금도 완화되거나 나아진 것이 없어 보였다.

그렇게 갈등이 심해져 누가 기저귀를 몇 번 갈았냐 몇 번 더 씻겼냐 같은 사소한 것들이 큰 싸움으로 커졌다. 회사 생활로도 스트레스받던 남편은 집에서 연신 감정을 터뜨려대는 나의 감정을 받아주다 어느 날 심하게 폭발했다.

그렇지만 나는 그런 남편의 폭발을 받아줄 마음의 여유도 배포도 없었다. 나도 이미 한계에 다다랐고, 늘 화가 난 채로 육아하느니 나 홀로 육아하는 편이 아이를 조금 더 나은 환경에서 키울 수 있겠다는 확신이 들었다.

그래서 우리는 약 1년간 이혼을 염두에 둔 아슬아슬한 줄타기를 했다. 실제로 우리의 재산들을 어떻게 나눌지도 구체적으로 이야기 나누었고, 나는 이혼을 위해 변호사를 알아보고, 양육권 차지를 위한 여러 증거자료를 수집하기 시작했다.

단순히 화가 나서 말로만 하는 이혼이 아니라, 우리는 정말 구체적이고도 계획적으로 이혼을 준비했다. 하지만 그 과정에서 가장 걸리는 것은 아이였다. '아이는 우리 부부만을 바라보고 이 세상에 와주었는데, 우리가 아이에게서 엄마와 아빠의 사랑을 가까이서 자주 느낄 수 있는 시간을 빼앗는 것은 아닐까?' '우리의 결정으로 인해 아이의 결핍을 만들게 되는 것은 아닐까?' 수많은 걱정과 고민이 들었다.

하지만 나의 결론은 '엄마가 행복해야 아이가 행복하다'였다. 나는 정말 행복하지 않았기 때문에 미래에 아이가 어린 시절 아빠의 부재에 대해 탓하고 원망해도 할 말이 있었다. 더 분명한 것은 '너를 위해 그랬어'라는 잔인하고도 상처 주는 말을 하지 않을 용기가 있었다. 내가 행복하고, 좋은 에너지와 메시지로 남편을 대하고 아이를 대하고 싶었기 때문이다. 그래서 우리 부부에게는 이혼만이 답이었다.

이런 나의 확신 중에도 남편은 자신을 내려놓고, 나에게 맞추려 노력했다. 심지어 열심히 다니던 회사도 그만두고 육아도 대부분 전담하고, 내가 더 일에 집중할 수 있는 환경에 일조했다. 그런데 이미 굳게 닫힌 내 마음은 남편을 투명인간 취급했다. 폭발했던 남편의 모습에 굳혀진 확신은 변하지 않았고, 아이를 더 이상 불안한 환경에서 자라게 해서는 안 된다고 생각했다.

이런 숨 막히는 약 반년의 시간이 지나고, 여전히 없는 사람처럼 대했던 남편이 나에게 빨리 이혼을 서두르자고 말했다. 이유를 물으니 우리 관계가 나아지지 않을 거라는 확신이 들었다며, 사람으로서 존중받지 못한다는 생각이 드니 이제 지쳤다고 말했다. 자신의 존재를 부정당하니 나와 아이의 행복을 위해서라도 빨리 정리하자고.

이미 나도 생각했던 부분이라 큰 동요는 없었지만, '사람으로서 존중받지 못했다, 존재를 부정당했다'라는 말을 들으니 갑자기 머릿속이 멍해졌다. 분명 내가 없는 사람 취급하고, 존중하지 않았던 것은 맞았다. 그리고 남편의 폭발이 나의 인생에 잊지 못할 트라우마와 충격을 준 것도 맞다. 그런데 나름 우리 집 가장이고 아이의 아빠인데, 내가 육아라는 이름으로 남편을 너무 몰아붙였다는 생각이 번뜩 들었다. 그래도 연애 6년의 세월을 함께하며, 누구보다 많은 비중의 청춘시절을 채운 사람인데, 내가 그의 존재가치까지 흔들어버렸다는 미안함이 몰려왔다.

헤어질 땐 헤어지더라도, 나로 인해 자신을 자책하거나 스스로가 존재가치가 없다고 느끼게 하고 싶지 않았다. 나에게는 폭발하는 인간일 뿐일지라도 다른 사람들이 남편을 그렇게 대하면 화가 치밀어 오를 것 같았다. 우리 아이가 우리에게 소중한 아이이듯, 나도 우리 부모님에게 소중한 아이이듯, 남편도 시부모님에게 소중한 아이일 텐데. 나로 인해 그런 생각이 인생의 상처가 되지 않길 바랐다.

그래서 남편에게 제안했다. 연말까지 나도 마인드셋을 바꿔서 노력해 볼 테니 그때까지 지켜보자고. 그랬더니 남편은 뭐 하러 시간 낭비를 하냐고 했다. 소용없을 거라고. 뭔가 상황이, 주도권이 바뀐 것 같았지만 그렇게 남은 반년 정도를 서로가 노력했다.

그런 살얼음판 같은 시기 때문에 우리 아이는 언어가 더 빨리 발달하였고, 감정적 표현이 풍부해진 듯하다. 그리고 어린 시절의 나처럼 눈치가 기가 막히게 빨라졌다. 사실은 엄마와 아빠의 차가운 공기와 분위기로 아이는 표현은 못 하지만 얼마나 무섭고 걱정되었을까.

냉전 진행 중, 세 가족이 발리로 2주간 여행을 다녀왔었는데 아이가 계속해서 했던 말이 있다. "우리는 세 명이 함께 있어야 가족이지? 아빠랑 엄마랑 여행 오니까 너무 행복해"라고. 생후 24개월도 안 된 아이가 이렇게 말했다. 아이의 빠른 언어 발달에 기분이 좋다기보다, 아직도 어리고 작은 아이에게 미리 겪지 않아도 될 감정과 걱정을 하게 한 것 같아 미안함이 컸다.

그런 아이의 노력과 존재로 남편과 더 많이 대화하고, 서로를 이해하려 노력했다. 아이가 커 가는 기쁨과 아이의 모든 행동과 말투, 표정들을 공감하고, 사랑하는 유일한 사람이 우리 부부였다. 아이의 찐팬이랄까.

그런 긴긴 노력과 대화 중, 그간 내가 놓치고 있었던 깨달음이 있었다. 그렇게 억울하고 화났던 나의 감정만큼이나 남편도 억울하고 화나고 서글펐다는 것.

내가 임신한 기간도 출산 과정에서도 힘들 아내를 걱정하고 미안했을 그의 감정. 육아를 하는 과정에도 직장에서의 스트레스도 있겠지만 육아를 전담하는 아내에게 미안하고 고마웠을 감정. 그래서 더 육아에 함께하려 했지만, 날아오는 짜증과 화와 누가 더 육아에 관여했는지 따지는 말들에 한계에 다다랐을 그의 마음. 그럼에도 아빠로서 남편으로서 가정을 지켜내고 싶었을 의지.

나름의 노력과 인내로 지켜내고 있었을 그를 떠올리니 미안하고 마음이 저렸다.

그런데 나는 몰랐다. 그도 노력하고 있는지조차. 그냥 나의 상황과 내 감정만 생각했더라. 나만 힘들었고 나만 노력하고 있는 것 같았다. 그래서 억울했다.

그리고 가장 가깝고 편한 사이이니 내가 말하지 않아도 알아줄 거로 생각했다. 배려하지 않아도 내 옆에 있을 거라는 막연하고도 오만한 믿음이 있었다.

그 깨달음을 육아 2년 차에 이혼 위기를 통해 알게 되었다. 그 계기로 지금도 남편과 더 많은 대화를 하며, 육아 전투를 나름 즐기며 살아내고 있다. 부부라고 서로의 선이나 경계가 없으면 안 된다는 신념도 생겼다. 서로 선을 지키면서 존중하며 배려하고 의지하고 지지하는 마음이 제일 중요한 것 같다. 그리고 나만 노력하는 것이 아니라 상대도 부단히 노력하고 나에게 맞추고 있다는 마음을 잊어서는 안 된다는 것을 깨달았다.

남편은 남의 편, 적이 아니라 나의 워킹맘 생에 가장 큰 기여와 지지를 해주는 사람이었다.

오늘도 나와 함께 육아 전투의 길을 여러 작전으로 개척해 나가는 그대여, 아주 많이 좋아해요.

헤어 나올 수 없는 늪(우리의 결혼 청첩장에 남편이 직접 썼던 표현)에 빠진 쿠르, 널 만나 새로운 우주를 만들 수 있어 늘 고맙다.

한계는 한 게 없는 사람의 핑계다

 등산을 즐기는 편은 아니지만, 임신 전 가끔 남편과 등산하러 가곤 했다. 산을 오를 때면 숨이 턱까지 차올라 숨이 넘어갈 것 같다. 하지만 그때 멈추지 않고 스퍼트를 올려 오르막길을 더 오르면 어느새 숨도 편안해지면서 느껴지는 쾌감이 있다. 허벅지가 달달달 떨려도 내가 건강해지고 있는 것 같은 느낌에 스스로가 대견해지기도 한다. 그리고 산 정상에 올라 내려보는 산 아래 풍경은 꽉 막힌 가슴을 펑 뚫어주는 느낌이다. 성냥갑 같은 집과 차들도 그저 세상의 작은 일부라 생각하니 큰 세상을 바라보며 살겠노라고 다짐 하게 된다.
 그렇게 등산을 시작하면 정상에는 꼭 가야만 직성이 풀리는 나는 내 삶에서도 그랬다. 하는 일들에 탑을 찍지는 못해도 포기를 몰랐다. 그저 끝까지 끈질기게 해내고 말아야 내가 만족했고, 그렇게 해야만 한다고 생각했다.

그래서 복직 후에도 숨이 턱까지 차올라 숨을 헐떡거리면서도 끝이 없어 보이는 마라톤을 쉬지 않고 잰걸음으로 걸어갔다. 언젠가는 나만의 페이스를 찾을 것이라는 믿음과 그렇게라도 해야 뒤처지지 않을 거라는 부담감과 불안감 그 어디 쯤 서서 말이다.

사실 난 내 상황과 상태에서의 한계에 다다랐다는 것을 알고 있었다. 그렇지만 인정할 수 없었고, 인정하고 싶지 않았다. 내 의지대로 되지 않는 것을 극복하고 싶었고, 타협하고 싶지 않았다.

회사 일도 뛰어난 성과를 내고 싶고, 아이도 기똥차게 키우고 싶고, 좋은 아내이고 딸이고 친구인 여러 역할을 다방면으로 잘 해내는 사람이 되고 싶었다. 하지만 내가 받아들여야 하는 것은 그 모든 것이 욕심이라는 사실이다.

나는 왜 이정도밖에 못 하지? 라는 자책은, 내가 이 모든 것을 다 해낼 수 있다고 믿었던 나를 내려놓을 때 끝난다. 모두에게 똑같이 주어지는 하루의 24시간, 내 체력은 유한하므로.

나이키의 슬로건이 Just do it이라는 말을 참 좋아한다. 망설이지 말고, 용기를 내라는 굉장히 힘 있는 문구라고 생각한다.

임신 전 내 인생이 그랬다. 일단 해봐. 하다 보면 길이 있겠지. 마구 달리고 몰아붙이다 보면 다 방법이 있게 마련이야. 라는 생각이 특히 업무 할 때의 마인드였다. 무대포처럼 몰아 붙인다기 보다는 성격 급한 나는 일단 무엇이든 시도해 보고 잘 안되면 다시 빠르게 개선하고, 시도 하고를 반복했다. 그리고 또 그런 과정들을 즐기는 편이었다.

그런데 육아와 일을 병행하는 삶에서 내 나름의 해석과 내 스타일의 Just do it 이 잘 먹히지 않았다. '그냥 하라고? 나 지금 급하게 육아해야 하는데?' '나 지금 버틸 때까지 이 악물고 버티고 있는데 죽을 것 같거든?' '일단 하라고? 내 상태가 어떤 줄이나 알고 하는 말이야?' 라고 자꾸만 말하게 됐다.

그러면서 나 자신을 자책하고 채찍질하며 구석으로 몰아넣고 있었다. 그렇게 나를 궁지로 몰면 어떻게든 다시 튀어 오르고야 마는 나였지만, 이젠 모든 게 달라졌다. 그래서 나는 그저 땅속으로 들어가고 있었다.

어쩌면 내 기준을 끊임없이 높이고, 그 높아진 기준에 맞춰 내 레벨이 올라가는 시기를 거쳐왔던 과거였나보다. 하지만 이제는 기준에 맞춰 내가 움직이기보다 그 기준을 나에게 맞추는 것이 필요한 때가 왔다. 기준을 낮춘다기보다는 내가 기준점이 되는 것이다. 내 상태를 인식하고, 할 수 있는 한 최선을 다하는 것 말이다.

뒤처지는 것 같은 조바심에 놓치고 있는 일들이 있을 것 같은 불안감에 육아 퇴근 후에도 업무의 끈을 놓지 못하고 업무의 연장이 새벽까지 이어지는 일이 반복되었다. 일의 진전이 조금 되고, 조바심과 불안감이 조금은 진정되었다. 하지만 반복되는 그런 일상에 체력이 고갈되었다.

잠이 부족해지니, 컨디션의 난조도 계속됐다. 집중력도 떨어졌고, 신경이 곤두서고 날카로워져 매사에 예민해졌다. 그러니 제시간에 끝낼 수 있던 일도 지연되거나 제시간에 마무리되어도 실수나 놓치는 부분들이 생겨났다. 혹은 아이디어가 필요한 순간에도 새로운 아이디어는커녕 머릿속이 텅 비어버리기 일쑤였다. 그냥 깡통이 된 것 같다. 빈 수레가 된 느낌? 그런데 요란하기까지 한 거면 정말 못 봐주겠다 싶을 내 모습이었다.

분명 나는 악순환의 길을 걷고 있었다. 나에게 높은 기준이라는 잣대가 욕심이라는 사실을 받아들여야 했다. 처음에는 다 못해내는 내가 원망스럽고 내 자신이 부담스러웠다. 그런 부담이 쌓이다 보니 결국은 체념하게 되었다. 하지만 그 체념은 포기가 아니었다. 나의 상태와 상황을 수용하는 거였다.

그러니까 나를 있는 그대로 받아들여 주는 것이 필요했다. 욕심을 조금 내려놓고 보니 결국 내가 조금 보였다. 내가 진짜 지켜야 할 대상. 그게 바로 나였다.

나는 한 것이 없지 않았기에 스스로에게도 당당했다.

하지만 사회적 잣대, 조금 더 정확히 회사에서 요구하는 성과에는 한없이 부족할지라도 내가 살아야 했다. 그렇다고 내가 아무것도 안 한 것은 아니니까. 그 누가 나에게 '네가 뭘 했어?'라고 묻는다면, '나도 내가 할 수 있는 한 최선을 다했어. 너 한계에 부딪혀봤어? 난 시도한 게 많아서 한계에 부딪혀서 지금 날 다독여주는 중이거든'이라고 당당히 말할 수 있었다.

내가 부족한 것은 나도 인정. 그렇지만 나도 내 상황에서 내가 할 수 있는 모든 것들을 시도하고 노력했다. 그리고 그렇게 노력하는 중이다.

최선을 다 하되, 할 수 있는 만큼만.

이것은 회피가 아닌 나만의 생존 전략인 셈이다. 지금 나의 상태를 버텨내는 법을 깨닫는 중이다. 일도 육아도 사람 관계도 오랜 기간 잘 해내기 위한 tip이다.

결국 나의 한계를 인정하고, 그 안에서 나를 지키는 선택을 해야 한다는 것. 꼭 잊지 말자.

오늘도 회의 도중 퇴근 시간이 걱정된다

아이디어 회의가 길어질수록 내 퇴근은 멀어진다.

새로운 아이디어가 요구되는 업무 특성상 회의는 잦고, 그 회의가 생각보다 길어지는 경우도 많다. 아이디어가 봇물 터지듯 쏟아지고, 그 아이디어들이 고도화될 때면 시간 가는 줄 모른다. 조금만 더 이야기하면 더 멋지고, 더 의미 있는 프로젝트로 발전할 수 있을 것 같은 그 순간을 놓치고 싶지 않다.

또 어떤 경우에는 밤을 새워 준비하고 챙겨야 하는 프로젝트들이 있다. 조금 더 깊게 몰입해서 완성도 높게 수행하고 싶은 것은 모든 직장인의 같은 생각일 거다. 그만큼 성과도 잘 나와서 내가 인정받을 수만 있다면 더할 나위 없으니 말이다.

하지만 나도 모르게 집중과 몰입이 필요한 회의 시간에 나도 모르게 시계에 눈길이 간다. 특히 춘곤증이 지나가고 난 2시 이후의 미팅 때에 더욱 그렇다. 아이 하원 시간이 다가오니 시계를 더 자주 보게 된다. 자칫 시간이 늦어지면, 어린이집에 덩그러니 혼자 남은 우리 아이를 만나게 될 수도 있기 때문이다.

그래서 나는 정해진 시간 내에 유의미한 결과를 만들어내야 한다는, 남모를 미션을 부여받는다. 집중력은 최대로 끌어올리고, 머릿속 시계는 분 단위로 계산에 들어간다. 하지만 매번 그 목표를 달성할 수는 없다. 회의는 늘 예상보다 길고, 나는 결국 그 진지한 분위기 한가운데에서 말을 꺼내야 한다.

"저… 정말 죄송한데요. 아이 하원 시간이 돼서 먼저 일어나 봐야 할 것 같아요."

몇 번이고 연습한 문장이지만, 꺼내는 순간마다 여전히 머쓱하다. 처음도 어렵지만, 갈수록 더 어렵다. 회의의 흐름을 끊는 건 아닐지, '또 애 핑계인 거 아니야?'는 시선을 받는 건 아닐지, 별별 생각이 머리를 휘감는다. 그렇게 나는 동료들에게도, 아이에게도 괜히 죄인이 된 기분이다.

정말 급한 상황에는 가능한 모든 수단을 동원해 본다. 남편에게 긴급 카톡을 보낸다.

'메이데이 메이데이, 어린이집으로 출동 요망'

남편도 어려운 상황이면 우리 엄마, 아빠, 동생 모두 한 명씩 SOS를 친다. 그 누구도 갈 수 없는 날이면, 미안함을 꾹꾹 눌러 담고 내가 간다.

누가 뭐라고 하지는 않지만, 그렇게 속으로만 몇 번이고 사과를 되뇌인다. 누군가는 '뻔뻔하게 해' 라고 말해주기도 한다. 도움이 되는 듯하지만 내 성격상 쉽지 않다. 그리고 그 어떤 경우도 업무 미팅 중, 중간에 나와야 하는 상황은 당연하지도 당당할 수도 없기 때문이다. 누군가의 소중한 시간을 빼앗는 일이기도 하므로 매번 민망하고 미안한걸. 또 누군가는 나로 인해 일의 부담이 늘어날 수도 있는 일이므로.

끝나지는 않고 길어지는 미팅에 하원 시간을 걱정하고 초조한 때 이상으로 더 당황스럽고 급작스러운 카오스의 상황도 있다. 바로 갑자기 열이 나거나 아이가 아플 때다.

아이는 예고 없이 어느 날 갑자기 아프므로, 업무 중에 어린이집에서 걸려 오는 전화를 볼 때면 심장부터 쿵쾅거린다. 차라리 열이면 낫겠다. 정말 큰 사고를 당한 거면 어쩌지 라는 극한의 상황까지 생각하게 되는 것이 부모인 것 같다.

어떻게든 근무시간에 어린이집에서 전화가 왔다면, 아이에게 달려가야 하는 상황인 경우가 대부분이다.

"어머니, 쿠숑이가 열이 나요. 잘 놀기는 하는데 조금 축 처진 것 같아서 병원에 가봐야 할 것 같아요."라는 전화를 받으면 엄마의 심장은 쿵 내려앉는다. '우리 아가 괜찮은 걸까?'

그 생각과 동시에 하던 업무를 내팽개치고 당장이라도 뛰어나가고 싶은 마음이다. 그렇지만, 어느 정도 마무리는 해두어야 한다. 내가 오프릴 수 있다면 내가 어느 정도 닫아야 할 테고, 시급성이 높은 업무라면 어떻게든 마무리 지어야 한다. 또 동료의 도움으로 해결할 수 있는 경우라면 요청하고 부탁해야 한다.

그렇게 어린이집으로 달려가 축 처진 아이를 보며, 엄마는 또다시 작은 벌을 받은 기분이다. 아이를 데리고 병원을 향하여 약을 처방 받고 집으로 와 아이를 돌본다. 그러다 제대로 매듭짓지 못한 업무가 떠오른다. 또 나로 인해 더 정신없을 동료를 생각하니 마음이 불편하다. 아프다고 보채며 늦은 시간까지 잠들지 않는 아이에게 괜히 짜증이 툭 나오고야 만다. 못난 엄마 같으니.

기운 없는 아이의 상태에만 오로지 집중하고 아이의 회복만 생각하는 그런 다정한 엄마가 되고 싶다. 아이도 잘 돌보지 못하고, 내 일도 잘 돌보고 처리 못 하는 그런 세상 멍청이가 되어버렸다.

회의 시간에는 퇴근 시간을 걱정하더니, 퇴근 같지 않은 퇴근을 하고는 지난 회의 내용과 내일의 회의를 걱정하고 있다.

그저 걱정 인형이 되어버렸다. 걱정한다고 해결되는 일은 하나도 없다.

그래도 걱정이라는 이름으로 나만의 시뮬레이션을 돌리고, 미래를 대비한다고 말도 안 되는 위로를 해본다. 그렇게라도 내 하루가 조금 더 나아지기를, 오늘보다 내일이 덜 흔들리기를 바라는 마음으로.

정시 퇴근을 눈치 보지 않아도 되는 조직은 없다

 지금 내가 다니고 있는 회사는 유연근무제가 잘 자리 잡아서 근무 시간을 꽤 유연하게 활용할 수 있다. 코어 근무시간 10:30~16:00를 제외하고 앞뒤로 유연하게 근무하는 형태다. 매월 정해진 근무시간을 잘 채우면 된다. 정해진 근무 시간 외에는 초과근무로 책정되어 근무 외 수당이 지급된다. 워킹맘에게 유연하게 근무할 수 있다는 점과 근무시간 외 근무도 인정된다는 점이 매우 큰 장점이고 감사한 일이다.

 정해진 업무들이 코어 근무시간에 최대한 끝나고 그 외의 시간에는 미처 마무리하지 못한 금방 끝낼 수 있는 일들을 손보면 하루가 착 마감되는 일상이면 참 좋으련만. 일은 늘 넘쳐나는 법.

조금이라도 일찍 출근해서 업무에 집중해 보려는 계획으로 아침 준비 전쟁을 치른다. 등원을 위해 아이 옷을 골라 입히고, 옷에 맞는 예쁜 머리도 직접 묶어준다. 복직 후 1년간은 어떻게든 1시간을 투자해서 아이의 밥을 챙겨 먹였다. 하지만 복직 2년 차가 되었을 때는 과감히 아침밥 챙기기를 포기했다.

일찍 출근해야겠다는 나만의 목표로 인해 아침마다 늘 조급했던 나는 아침마다 화와 짜증이 가득했다. 기분 좋아야 할 아침에 우리 가족 모두에게 으르렁거리는 화난 호랑이였다. 나로 인해 세 가족 모두가 상쾌하고 기분 좋은 아침을 맞이할 수 없었다.

어린이집에서 아침 간식을 주기도 하니, 아이는 일어나서 우유만 마시는 것으로 하고 나는 아이 준비와 내 준비만 신경을 쓰기로 했다. 아이 아침밥처럼 나의 화장도 포기했다. 출산 후 더 칙칙해진 내 피부를 가려주기 위해 어떻게든 화장품으로 얼굴을 덮어주려 했던 아침 준비 루틴도 과감히 내려놓은 것이다. 내 피부 가리기가 문제가 아니라 내가 조금은 유연한 아침 준비를 위해 꼭 해야만 하는 것에 집중하기 위해서다.

그래도 여전히 아침 등원과 출근 준비는 전쟁이기는 하다. 하지만 시간이 흘러서 익숙해진 것인지 내가 과감히 포기한 아이의 아침밥과 나의 화장 덕분인지 조금은 수월해진 듯하다.

그렇게 분주한 아침 시간 아이 등원을 하고, 출근해서 최대한 나의 업무를 정리하고 처리한다. 코어 근무시간에는 미팅이나 업무 요청들이 있으니, 혼자 집중근무하기 쉽지 않은 경우도 있기 때문이다.

그렇게 코어 근무시간이 끝나고 아이 어린이집 하원 시간 전까지 미팅이나 나의 업무를 진행한다. 그날의 업무가 모두 마무리된 채로 가벼운 마음으로 아이를 하원하러 가면 너무 좋겠다. 그렇지만 잠시 휴식 모드로 전환해둔 후 아이와 하원 후 집으로 향한다.

집으로 가면 아이의 저녁밥을 챙겨 먹인다. (그런데 감사하게도 얼마 전부터 회사 어린이집에서 저녁을 제공하기 시작했다. 그 덕분에 저녁 시간 업무를 1~2시간 정도 더 마무리할 수 있는 여유가 생겼다. 게다가 하원 후, 집에 와서 아이 저녁을 챙겨 먹여야 한다는 부담이 줄어드니 내 마음이 여유도 생겼다. 그래서 더 아이에게 짜증과 화를 덜 내는 마음의 배포가 조금 생겨났다. 그래서 어린이집 만세와 선생님 감사합니다를 연신 외쳤댔다.) 그리고 아이와 저녁놀이를 해주고, 씻기고 재우는 저녁 육아 루틴을 마치고 나면 밤 10~11시.

육아는 퇴근했지만, 다시 업무 출근이다. 재택 전환, 소위 재전 모드에 돌입한다. 어느 정도 업무를 마무리하면 기본 새벽 2~3시다. 조금 더 하고 싶지만, 내일을 위해 잠자리로 향한다.

찝찝함은 항상 남아있는 상태다. 그렇게 6~7시쯤 일어나서 다시 아침 등원과 출근 전쟁이 시작된다.

몸은 피로가 쌓여 천근만근 눈꺼풀은 무겁지만, 또 하루를 살아내야 하는 워킹맘이므로 정신력으로 내 몸과 마음을 깨워 본다.

이런 루틴이 쌓이다 보니 익숙해지는 듯하지만 신체 이곳저곳이 고장 나며 삐걱거리기 시작한다. 눈에는 고름 줄줄, 어깨는 돌덩이가 짓누르듯 무겁고, 시기마다 유행하는 바이러스는 나에게 모두 거쳐 간다. 바이러스 트렌드를 잘 쫓아가는 신여성이다.

회사의 유연근무제가 상황에 맞게 시간을 쓰고, 업무 할 수 있도록 꽤 큰 도움을 주고 있다.

그럼에도 불구하고, 잠잘 시간도 부족하고 허덕이는 워킹맘의 삶인 것을 보면 사회적으로 워킹맘을 위한 여러 장치가 필요한 것이 아닌가 생각해 보게 한다.

일과 육아의 균형을 맞추기도 쉽지 않아 아슬아슬한 줄타기 하는 중에, 일과 육아의 그늘에 가려 엄마라는 삶의 영역은 아예 없다고 볼 수밖에 없다. 일과 삶의 균형을 많이들 이야기하지만, 워킹맘은 삶은 빠진 일과 육아의 균형을 생각하고 있으니 말이다.

시간은 업무 퇴근이지만, 육아로 다시 출근하고, 육아 퇴근 후 다시 업무모드로 돌입해야 하는 루틴들이 '엄마니까 버텨야 해'라는 말로는 어떠한 위로도 해결도 되지 않는다.

행여나 육아 퇴근 후, 업무 모드가 아닌 휴식 모드라 할지라도 머릿속은 아직 남아있는 업무들로 복잡할 테니 쉬어도 쉬는 것이 아닐 거다.

참 쉽지 않은 워킹맘의 시간 관리다. 어쩌면 아이가 20살이 되기 전까지 해결되지 않을 숙제일지도 모르겠다.

나의 결론은 아무리 회사에서 제도적으로 시간적 배려와 유연근무제를 도입하고 있어도 당당하게 퇴근할 수 없는 것이 현실이다. 그리고 정시 퇴근은 할 수도 없지만, 하더라도 언제나 눈치 보이는 일인 것 같다.

워킹맘이라 잘하고 있는 모습을 보여주고 싶은 것은 모든 엄마의 소망인 듯하다.

그래서 더 엄마라는 이름으로 어떻게든 버텨내고 있는 오늘이다.

회사보다 엄마를 선택해야 하는 날들

우리 쿠숑이는 어린시절부터 잘 아프지 않은 편이었다. 그러다 아주 가끔 콧물이 나거나 재채기라도 한번 하면 바로 아이를 안고 소아과로 달려갔다. 감기는 초기에 잡아야 한다는 생각이 있었다. 그리고 혹여나 내가 알아채지 못한 바이러스가 있어 아이를 힘들게 하면 안 된다는 걱정이 있었다. 병원에서 처방받은 약은 알람까지 맞춰가며, 정해진 시간에 한 치 오차 없이 먹이는 데 집중했다.

휴직 중에 아이가 아픈 경우에는 소아과 가는 시간에 상관없이 갈 수 있었다. (서투른 운전 실력으로 좁은 병원 주차장에 진입하고 주차하는 것이 가장 큰 난관이자 마음의 짐이었을 뿐) 등원이 조금 늦어도, 혹은 중간에 빠른 하원을 하고도 얼마든지 갈 수 있었다.

그런데 복직하고는 갑자기 열이 나는 아이 소식을 듣고 달려가기까지 넘어야 하는 산들이 많았다. 또 어떤 날에는 어린이집에 구비해둔 해열제를 먹여 주십사 부탁드리고는 당장 갈 수가 없다고 양해를 구하기도 했다. 다행히 고열은 잡히기는 했지만, 늦은 시간까지 어린이집에 혼자 있어야 했다.

당장이라도 아이에게 달려가 병원으로 향하고 싶었지만, 현실의 벽에 부딪혀 쉽지 않았다. 엄마로의 모드 전환이 쉽지 않은 상황도 꽤 많다. 뒤늦게 일을 마치고 부랴부랴 어린이집으로 뛰어갔을 때 아이는 축 처진 모습이었다. 하지만 나를 보고 밝게 웃으면 달려와 줬다.

그런 아이에게 너무 미안하고 짠했지만 나도 어쩔 수 없었다.
"쿠숑아, 괜찮아? 열이 났는데 엄마가 너무 늦었지? 미안해."
"엄마, 많이 바빴지? 쿠숑이는 이제 괜찮아. 너무 고생했어."
라고, 말해주는 딸에게 고맙고도 죄스러웠지만 애써 더 밝게 웃으며 아이에게 사랑을 표현해 본다.

엄마는 아이가 갑작스레 아프면 여러 의미로 철렁한다.

첫 번째는 당연히 아이의 걱정, 두 번째는 업무에 대한 걱정이다.

내가 회사에서 부여받은 업무들을 잘 처리해야 회사에서 살아남고, 아이가 원하는 것들도 사고, 또 병원도 갈 수 있는 것이니 말이다. 복직한 지 얼마 안 되었을 때 아이가 아프면, 회사의 급한 일도 제쳐두고 아이의 회복에만 집중했다. 아이가 빠르게 회복되는 만큼 나는 온 신경을 아이에게 쏟은 탓에 지쳐갔지만, 급작스레 멈춰둔 업무도 머릿속으로 계속 시뮬레이션해야 했다.

그리고 회사에 돌아가 어떤 것부터 어떻게 언제까지 처리할지를 끊임없이 계획한다. 최대한 업무로서 다른 사람들에게 피해를 주고 싶지 않은 마음이다.

하지만 점차 아이가 병원에 가야 하는 엄마만의 기준을 낮추기 시작했다. 기침이 어느 정도 있어도 가래가 가득한 정도가 아니라면, 콧물이 있어도 줄줄 흐르는 정도가 아니라면 '그 정도쯤이야' '금방 나을 거야' '병원 가지 않아도 따뜻한 물 많이 먹으면 나을 정도네'라고 혼자 판단하는 의사 엄마다.

실제로 육아 경력이 조금씩 쌓이다 보니, 모든 것을 다 챙기는 엄마일 수 없음을 인정하게 되고 웬만한 것에는 놀라거나 걱정하지 않는 것 같다. 물론 본래 걱정 인형인 내가 걱정을 전혀 안 한다고는 할 수 없지만 그 정도나 빈도가 줄어 들었다.

아이를 챙기기보다 사회인으로서의 내 역할을 더 챙기는 나를 볼 때면 이런 생각을 하곤 했다.

'난 엄마 자격이 있기는 한 걸까? 엄마로서 부족한 건가?'

'내가 유별나게 이기적인 엄마인 걸까?'

하지만 나는 예전에도 지금도 여전히 아이를 사랑하고 있고 매 순간 아이를 위한 선택을 하고 있다. 다만 아이를 더 사랑할 수 있도록 사회인으로서 주어진 역할에도 충실히 임할 뿐. 그렇게 일과 육아 사이의 균형을 상황에 따라 유연하게 맞춰가고 있는 것일 뿐.

나는 여전히 나의 역할들에 최선을 다하고 있었다.

내 인생의 우선순위를 다시 정의하다

 업무 미팅 도중 잠시 아이 어린이집에서 올라온 알림장을 보며, '이따 하원은 몇 시에 하러 가지? 내가 오늘 준비물을 깜빡했었구나' 생각하며 핸드폰을 만지작거린다.

 어린이집 하원 후, 아이가 보낸 하루를 신나서 이야기할 때면 '아 회사 프로젝트 언제까지 하기로 했었지? 나 빠뜨린 거 없었나?' 생각이 스멀스멀 올라온다. 몸이 있는 곳과는 다르게 늘 머리와 마음은 딴 데 있었다.

 일과 육아도 다 엉망진창인데 일을 할 때면 육아 때문에 힘들어서, 육아할 때는 일 때문에 힘들어서라고 핑계를 대고 있는 내 모습이 정말 치가 떨리게 싫었다.

그럼에도 어려운 상황이 닥치면, 여전히 양쪽을 오가며 핑계만 대는 나였다. 둘 다 완벽하게 잘 해내지는 못하더라도 각 모드에서 그 모드에만 집중하고 싶었다. 그 무엇에도 집중하지 못하는 나였기 때문이다.

엄마와 직장인의 역할 사이에서 매일매일을 줄다리기하면서 인간 숑으로서의 개인은 어디에 있고 무엇을 위해 일하고 있는지 모르겠다.

2023년 한국여성정책연구원 보고서에 따르면 맞벌이 여성의 68%가 가장 힘든 점으로 '집중의 분산'을 꼽았다고 한다. 나 뿐 아니라 많은 워킹맘이 일과 육아 모두 '온전한 나'로 몰입할 수 없다는 것이다.

내 워킹맘의 삶을 이렇게 표현하고 싶다.

육아와 직장이라는 두 개의 퍼즐 조각 사이에 낀 채, 맞지도 않는 자리를 억지로 채우려 애쓰고 있는 모습이라고. 무엇 하나도 집중하지 못하고 공중에 멍하니 떠 있는 넋 나간 나를 직면하며 생각했다.

선택과 집중이라는 말처럼 일을 할 때는 육아 생각을 잠시 꺼두고, 일로서 내가 할 수 있는 모든 것과 에너지를 쏟아붓자고 다짐한다. 육아할 때는 업무에 대한 걱정과 고민은 꺼두고, 아이와 함께 할 수 있는 재밌고 행복한 이야기들을 어떻게 만들지만 생각한다.

잘 해내고 싶다는 막연한 마음이 불안으로 발현되어 이것도 저것도 아닌 상태가 되어버린 나에게는 새로운 정의가 필요했다.

'나는 어디에 있는가?'

지금의 나는 일과 육아 사이에 묻혀 있었지만, 이제는 '나'를 세우기로 했다. 나라는 존재는 일과 육아의 도구가 아니라 그 위에 서 있는 주체였다.

그 주체인 내가 오로지 내가 집중하고자 하는 것을 선택하고, 할 수 있는 한 최선을 다한다. 그리고 그다음으로 내가 할 수 있는 것을 담담하게 선택하고 묵묵히 해낼 뿐이다.

가족이 있다는 든든함과 믿음

　복직 후, 늘 불안했던 나는 팀이 두개 로 나뉘면서부터 극도로 불안함과 예민함과 우울감으로 매일을 보냈다. 달라진 조직 분위기와 기조, 일하는 방식 때문이기도 했다.
　하지만 시니어로서 그저 배제되었구나, 인정받지 못하는 구나! 라는 생각이 매우 강했다. 그래서 창피했고 속상했고 원망스러웠다. 그리고 분노로 가득 찼지만 나도 스스로가 부족한 것을 잘 알고 있었다.
　할 수 있다면 그냥 도망가고 싶었지만, 현실의 벽에서 그저 그런 마음을 속으로 삯일 뿐이었다. 이런 솔직한 생각들을 말할 수 있는 상대는 오로지 남편뿐이다.

남편에게 전하는 모든 이야기가 하루 근무 중에 있었던 에피소드로 시작해 결말은 '나는 너무 부족해. 회사에 화가나. 난 패배자야'였다. 어떤 이야기로 시작해도 결론은 정해져 있는 시나리오처럼 말이다. 그리고 참 많이도 울었다. 그 핑계로 정말 날마다 술이었다.

항상 똑같은 결론으로 마무리되는 이야기인 줄 알면서도 남편은 몇 개월간 매번 처음 듣는 이야기인 듯 정성껏 들어줬고, 공감해 주었고, 자기 생각과 함께 나에게 도움 될 마인드셋을 제안해 주었다.

남편의 이런 노력이 나의 불안과 슬픔을 하루 아침에 없앨 수는 없었다. 하지만 나는 매일의 회사 생활에서 화가 나는 순간이 생길 때면, 남편이 해준 조언을 떠올린다. 잠시 그 순간을 멀리 떨어져 보며 감정적 반응을 잠시 미뤄둔다. 그리고 생각한다.

'오늘 집에 가서 지금 이 일에 대해서 우리 남편한테 다 말할 거야'

남편이 해줄 공감을 상상하며, 지금 화가 난 순간을 그냥 흘려보내는 법을 서서히 깨달았다. 그러고는 저녁 퇴근 후 식탁에 앉아 술잔을 기울이며, 오늘의 이야기를 남편에게 떠들어댄다. 그리고 언제나처럼 마지막은 나의 눈물 파티로 마무리된다.

그렇게 반복되는 시나리오로 매일 밤 눈물 파티를 한 지 5개월쯤 되었을 때, 어김없이 저녁 식탁에 앉아 술잔을 기울이며 나의 하소연을 듣던 남편이 술잔을 탁 내려놓으며 말했다.

"너 자신을 믿어. 그리고 너 실력 내가 보증해. 너 쏭이잖아. 걱정하지 마!"

눈물이 그렁그렁 맺혔다. 지금까지의 속상함의 눈물과 달랐다. 눈물이 코로도 입으로도 나올 만큼 벅차올랐다. 그리고 감동적이었다.

'남편이 이런 말도 할 줄 안다고? 전형적인 T 인간이 이런 말을 한다니? 그럼, 사실인 거네? 어흑'

그때부터 조금씩 활력을 찾게 되었다.

'그래, 나 쏭이야. 내 실력을 내가 의심하지 말자. 남편이 그랬거든!'이라고 스스로 외치면서 말이다.

그리고 또 한 명의 내 이야기 경청자이자 내 삶의 지지자가 있다. 바로 우리 딸 쿠쏭이다. 매일 아침 어린이집 등원을 하고 헤어질 때면, 나와 오늘 하루 누가 누가 더 재밌는 하루를 보낼지 저녁에 이야기하자고 한다. 그럼, 서로가 1등 할 거라고 귀여운 티격태격을 한다.

그리고 하원하는 차에서도, 집에 와서 잠잘 준비를 하면서도 서로의 하루에 있었던 이야기를 미주알고주알 한다.

친구와 블록 쌓기를 하다 무너져서 웃겼다는 이야기, 화장실에 가는 쿠숑이를 모든 친구가 쫓아와서 창피했고 속상했던 이야기, 밖에서 만난 길고양이 이야기, 어린이집 앞 놀이터에서 지렁이와 달팽이를 만났던 이야기, 같은 반 친구가 팬티를 입기 시작했는데 실수한 이야기, 동생 반 친구들을 돌봐준 이야기 등 아이의 시선에서 이야기들이 굉장히 흥미롭고 또 궁금한 엄마다. 그 이야기 속에서 아이가 느꼈던 감정들이 새롭고 신기하다. 그리고 아이가 묻는다.

"엄마의 오늘 하루는 어땠어? 회사 친구들이랑 사이좋게 지냈어?"

"엄마는 오늘 좀 속상했었어. 마음이 아팠어."

"아이고 우리 엄마가 그랬구나. (토닥토닥하며) 왜 그랬어? 무슨 일이 있었던 거야? 누가 우리 엄마를 그렇게 속상하게 한 걸까?"

라고, 묻는 아이의 말에 눈물이 또 한 번 그렁그렁 차오른다. 아이의 위로도, 왜 인지 이유를 묻고 공감해 주려는 그 마음이 너무도 예쁘고 따뜻하다. 그리고 이런 보물같은 나의 아이가 있는데 나는 무엇이 그렇게 힘들고 속상하고 두려운 걸까. 나이 마흔이 다 되어서 말이다.

조금씩 회사의 일들로 마음의 타격감이 적어지기 시작했다.

남편이 알려준 마인드셋 그리고 세상에서 엄마가 제일 멋지고 예쁘다는 우리 딸의 말이 나를 점점 단단하게 만들었기 때문이다. 내 가족들에게 지지받고 있다는 확신과 믿음이 나의 내면을 채워주는 느낌이다. 밖에서 풍파를 겪어도 돌아갈 집이 있고, 함께 이야기를 나눌 수 있는 가족이 있다는 것이 얼마나 위대하고 감사하고 든든함 인지를 비로소 알게 된 듯하다.

남편과 죽일 듯이 싸우며 살얼음판 같던 이혼 위기를 약 1년여간 겪으며 우리 가족이 조금 더 끈끈해졌다.

결혼 전 누군가가 한 말이 떠오른다. 결혼하고 아기를 낳으니 우리 가족이 함께 있으면, 어떤 일이든지 이겨낼 힘이 생기는 것 같다고. 가족이 똘똘 뭉치면 못할 일이 없고 든든하다고. 그땐 '뭔 영웅담 같은 얘기야'라고 흘려들었다.

그런데 지금의 시점이 되니, 그 말이 어떤 의미이고 얼마나 삶의 큰 원동력이자 나를 지탱시키는 힘인지를 알겠다.

우리 가족은 저녁마다 식탁에 둘러앉아 컵에 물을 따라 서로 건배하며 말한다.

"물짠~ 우리 가족 오늘 모두 고생했어요."

하루를 잘 보낸 우리 가족이 서로에게 보내는 응원이다. 저녁에 우리끼리의 대화 나눌 시간을 기다리며 오늘 하루도 씩씩하고 의미 있게 보내 본다.

나는 직장인이기 전에 사람입니다

　직장 경력이 높아지면서 요구하는 역할도, 기대하는 성과 기준도 자연스레 높아지게 마련이다. 이론적으로는 당연하다고 생각되는 부분이다. 다만, 어떻게 사람이 항상 정직하게 우상향 곡선을 꾸준하게 그리며 성장할 수 있을까.

　평생의 숙제인 다이어트도 마음먹고 시작했는데 제자리걸음일 때면 좌절하게 된다. 그때마다 등장하는 공식 이론이 있다. '다이어트는 계단식으로 빠져요. 유지되는 것 같지만 몸이 적응하고 열심히 지방과 싸우는 중입니다. 그러니까 좌절하지 말고, 계속 꾸준히 다이어트를 지속해야 해요.' 라는 말을 지겹도록 들었다. 하지만 늘 변화 없는 구간에 포기할까 말까 수없이 고민하게 된다.

회사 업무도 그런 것 같다. 쏟아지는 업무들을 매일매일 해결하기에 바쁘다. 내가 어디인지도 모르겠고, 이렇게까지 일해서 내가 얻는 것이 뭘까를 수없이 고민하게 된다.

남편과 나는 전 직장의 사내 1호 커플이었다. 20대 후반에 입사해 30대 중반이 될 때까지 청춘과 열정을 불태워 일했다. 스타트업 특성상 업무의 속도도 매우 빨랐고, 치열했다. 살아남기 위해 발악하듯 달려야 했고, 일과 삶에 대한 경계 없이 내가 곧 일이 되어야만 했다. 그래야 살아남을 수 있는 야생과 같은 세계였다. 살아남기 위해 기회가 주어지는 모든 일은 다 시도해 보고 경험했다. 마케터로 입사했지만, 사내 커뮤니케이션, 조직 문화 그리고 HR 전 영역을, 독학을 통해 익혔고 업무했다. 그렇게 자연스레 업무의 범위가 확장되었다.

새로운 기회를 얻고 새로운 영역을 확장할 기회가 회사의 지원으로 있다는 것은 흔하지는 않지만 감사한 일이다. 하지만 처음 하는 분야이다 보니 철저하게 준비해야 했다. 그리고 회사에 적절하고도 효율적이고 효과적으로 적용, 실행해야 했다.

그러던 어느 날 내가 지금까지 쌓아온 이력으로 나를 필요로 하는 곳이 있을지 궁금해졌다. 그래서 꺼내 보지 않았던 오래된 이력서 파일을 열어 지금까지의 나의 경력을 정리해 봤다. 경력별로의 주요 성과들도 함께 나열해 봤다. 막연하게 머릿속에 내가 해본 것들을 떠올려볼 때와는 또 달랐다.

내가 이렇게 다양한 것들을 직접 해보기도 했고, 성과도 꽤 멋지게 냈었구나. 너무 많은 과업으로 인해 내가 이룬 성과들도 돌아보고 스스로 칭찬해 줄 여유가 없었다는 생각이 들었다.

그렇게 써 두었던 이력서로 나를 필요로 하는 곳이 있을지 찾았다. 그리고 지금의 회사와 인연이 되어 이직하게 되었다.

나는 항상 떨어지는 과업들을 처리하느라 제자리걸음인 줄 알았다. 그렇지만 정리해 본 이력서를 통해 한번, 여러 직장에서 나와 일하고 싶다는 제안을 해주었던 상황을 통해 한번. 나도 모르는 사이 나도 꽤 많이 레벨업이 되었구나. 그래도 꽤 괜찮고 쓸만한 직장인으로 성장하고 있다고 생각했다.

하지만 워킹맘이 되고는 나도 안다. 업무에 있어서는 나는 정말 제자리걸음이라는 것을! 그렇지만 쌓인 경력만큼이나 요구되는 기대도 높아졌다. 그리고 성과, 효율, 역할로만 평가받는 것이 회사라는 곳인 것도 잘 알고 있다.

그런 회사라는 곳은 나에게 알게 모르게 이미 성공한 워킹맘들과 비교하며 워킹맘에게 기대되는 기계적인 완벽함에 대해 주입하고 강조한다.

나는 그들과 다른 상황과 히스토리를 가진 사람인데, 비교되어 보니 내가 한없이 작고 초라하다. 나는 일과 육아 사이에서 아슬아슬한 줄타기를 하며 나 나름의 애를 쓰고 버텨내고 있건만. '역량을 올려라, 성과를 올려라, 기대하는 역할을 잊지 말아라' 무차별적 채찍질을 받고 있다.

'나도 지금 최선을 다하고 있다고! 살려고 발버둥 치고 있는데! 노력하지 않고 있는 게 아니라고!'라며 소리치고 내 상황을 알리고 싶다. 하지만 속으로만 열심히 외쳐댄다. 말해봐야 무슨 소용이겠어. 배려 같은 배제만 당하겠지 라는 생각으로.

아무리 누가 뭐라고 해도 내가 안다. 나는 지금, 이 순간에도 부단히 노력하고 애쓰고 있다고. 다른 사람들이 알아주지 않아도 내가 알고 있다.

누구나 상황에 대한 버거움도, 한계도 느끼는 법이니까. 인간 쑴으로서 나의 감정도 한계도 숨기려 하지 않고, 과감히 드러내고 내가 알아주려 한다.

'네가 애쓰고 있고, 잘하고 있다는 것 내가 잘 알고 있다고' 스스로 말해주면서 말이다.

나는 이름을 가진 존재다. 그리고 그 이름으로 살아갈 자격이 있다. 충분히.

나는 직장인이기 전에 사람이다.

나는 엄마이기 전에 사람이다.

나는 나로서도 충분히 가치 있고, 소중한 존재다. 잊지 말자.

나도 회사에 없어서는 안 되는
구성원이 되고 싶은 마음

　우리 회사에서는 연 2회 전사 구성원 모두가 함께하는 전사 행사를 한다. 행사를 앞두고 사내 인재상을 추천한다. 함께 일하며 도움이 되었던 동료를 추천하고, 추천 사유를 쓰는 방식이다.

　인재상으로 선정되지 못해도, 동료의 추천 내용은 '마음 배달 편지'라는 엽서로 제작되어 우편으로 발송해 준다. 복직 후, 겨우겨우 살아내고 있을 때 배달 온 몇 장의 엽서가 도착했다. 그 엽서를 보고는 대성통곡하며 꽤 오래 울었다. 이유는 나도 회사와 동료에게 필요한 존재라는 따뜻한 위로 같았기 때문이다. 그리고 내가 나름의 애쓰고 있는 것을 나의 동료들은 알고 있구나 라는 안도감도 있었던 것 같다. 무엇보다 쓸모없는 인간 같이 느껴졌던 복직 후 나의 직장에서의 위치는 벼랑 끝에 놓여 있다고 생각했다. 그렇지만 동료들의 마음으로 '나도 쓰임이 있는 사람이지'라는 확신이 들었다.

동료들이 전해준 몇 가지 문장들은 이렇다.

'고민이 있을 때면, 언제나 진정성 있게 이야기를 듣고 고민해주셔서 고맙습니다. 늘 한결같은 모습으로 동료들에게 귀감이 되어주는 사람입니다.'

'많은 일들은 참 소리 소문 없이 해놓는 사람, 누구보다 앞서 일들을 챙기고 미리 시나리오를 굴려보고 리스크를 잠재우는 것에 탁월한 분입니다.'

'특유의 긍정에너지로 함께 일하는 동료들에게 큰 힘이 됩니다. 분명 힘들고 지칠 텐데도 힘든 내색도 하지 않고 언제나 팀의 분위기를 잘 받쳐줍니다. 덕분에 많은 에너지와 도움을 받습니다.'

'언제나 든든하게 가장 가까운 곳에서 놓치기 쉬운 부분까지 세심하게 챙겨주는 따뜻한 파트너, 팀원들이 놓칠 수 있는 작은 부분들까지 먼저 챙겨주는 늘 고마운 사람. 모두가 편하게 다가갈 수 있는 분위기를 의도적으로 늘 만들어 주어 팀원 누구나 의지할 수 있는 존재'

구체적인 나의 행동들을 설명해 주는 마음 편지라서 단순히 고마웠다, 든든했다는 의미와는 차원이 달랐다. 나름의 고군분투와 내적 갈등이 있었던 수많은 시간이 스쳐 지나가며 가슴이 터져 나가게 울었다.

어쩌면 나에게 가장 필요한 메시지들이었던 것 같다. 그냥 묵혀 있던 가슴 속 체증이 내려가는 느낌이었다. 나도 회사에 필요한 존재로서 미약하게나마 도움이 되고 있다는 사실이 다시 나의 활력을 찾는데 매우 큰 도움이 되었다. 동료들에게 아무런 도움이 되지 못한다는 자괴감에서 벗어날 수 있었다.

그리고 동료들이 내가 정말 도움이 되어서라기보다 발버둥치는 나의 모습을 알아차리고 힘내라고 보내는 메시지 같아서 그 메시지의 힘과 에너지에 너 감격스러웠다.

나도 누군가에게 회사다.

그래서 더 나도 회사에 없어서는 안 되는 구성원이고 되고 싶은 마음이 크다.

복직 후에 나의 행동도 머리의 회전도 예전처럼 빠르고 기민하지는 못할지라도 내가 할 수 있는 한 지금처럼 최선을 다해 정진해보자고 다짐한다.

동료들이 나를 믿고 지지해 주듯, 나도 나 자신을 더 믿고 간다면 일과 육아 그리고 사람 사이에서 부서지지 않고 잘 버텨낼 수 있을 것 같다.

유연함이 단단함을 만든다

　모든 기대에 응답하지 않아도 되어요. 끝까지 버티지 않아도 괜찮아요. 내려놓을 때조차 당신은 아주 대단해요. 관계를 지탱하는 힘은 완벽이 아니라 진심이고, 강인함은 한없이 버티는 데서 오는 게 아니까요. 오히려 흔들리고도 다시 일어나는 그 유연함에서 시작되어요. 멈추고 쉬어 가도, 당신은 여전히 충분히 잘 살아내고 있어요.

제5장

그냥,
나대로
살아보기로

지금 나는 어떤지 들여다보기

일과 육아 사이에서 잘 해내기 위해 발버둥 치는 나도 어느 정도 안정을 찾고 나만의 페이스를 유지하고 있을 때도 내 마음은 불편했다. 여전히 나는 언제 깨질지 모르는 살얼음판에 서 있는 느낌이기 때문이다. 잠깐의 균형을 잡지 못하면 언젠가는 무너질 거라는 것을 나도 알고 있었다.

애써 행복한 척하고 있는 모습이라는 것도 알았다. 웃으면 행복하다는 말처럼 억지로 웃음을 지어 보인 것 같다. 물론 가족과 함께한다는 이유만으로 행복한 것은 진실이다. 그렇지만 나 자체로서 내 모습은 거울도 보기 싫을 만큼 직면하고 싶지 않았다.

실제로 거울 속에 비친 내 모습도 꼴 보기 싫어 애써 거울 앞에서는 고개를 푹 숙인 적도 많다. 거울 속 내가 쓸쓸하고 안쓰러워 보였다. 그리고 예쁘지 않고 그냥 초라하고 푸석해 보였다. 마치 흑백영화 등장인물처럼 나만 회색으로 보였다.

일터에서는 직장인이라는 가면을, 육아에서는 엄마라는 가면을 쓰고 마치 광대처럼 그 역할을 수행했지만, 그 가면을 벗은 나의 얼굴은 없었다. 표정도 감정도 아무것도 없는 무의 상태 말이다.

그런 나를 가만히 들여다보니, 정말 껍데기만 남아있었다. 속은 공허했고, 건드리면 금방이라도 바사삭 부서져 재만 남을 것 같은 나였다.

누군가 오늘 하루가 어땠냐는 물음에 기계적으로 '즐거웠어요. 행복했어요'라고 말했다. 하지만 실제 내 답은 '모르겠어요. 내가 왜 여기 있는지 모르겠어요' 였다.

하루를 마치고 그날의 시간을 돌이켜보면, 난 그저 어떻게든 버텨낸 시간이었다.

쌔근쌔근 잠을 자는 아이를 바라보면 그렇게 사랑스럽고 예쁠 수가 없다. 눈에 넣어도 아프지 않은 내 아가다. 내 영혼과 삶을 아이에게 온전히 내주어도 전혀 아깝지 않다.

나 밖에 모르고 살던 내가 누군가를 대신해 죽을 수도 있겠다, 그것이 죽음이라도 전혀 아깝지 않고 기꺼이 그렇게 할 수 있는 유일한 대상은 내 자식이다. 그만큼 모든 것을 내주어도 존재만으로도 귀한 그런 아이.

그 아이를 지키고 싶은 엄마는 내 심장과 장기까지 다 꺼내어 내준 후, 몸뚱아리만 덩그러니 남아있다. 매일 밤 예쁜 아이를 바라보며 행복하지만, 어딘가 모를 공허함이 바로 그런 내 모습을 대변해 주는 느낌이었다.

나, 이대로 괜찮은 걸까?

아이가 커갈 시간도 많이 남았고, 앞으로의 내 삶을 생각해 보니 이대로는 안 되겠다는 생각이 들었다.

나를 잘 붙잡아야 했다. 잃어버린 나의 색깔도 찾고, 아이에게 진짜 생생한 에너지와 활력이 역동적으로 흘러 넘치는 엄마가 되어야겠다고 생각했다.

나도 엄마이기 전에 한 명의 인간이었다.

나는 무엇으로 충전되는 사람인가

다시 나의 색깔을 찾기 위해 '내가 정말 하고 싶은 것이 무엇인가?'를 생각해 봐야 했다.

슬프게도 아무것도 없었다. 내가 어떤 사람이었는지도 기억이 나지 않을 만큼 아무것도 몰랐다. 그래도 계속 나에게 질문을 던져봤다. 어떨 때 내가 조금이라도 나로서 즐거울 수 있을까?

문득 떠오른 것은 연극 공연 보기.

오랜만에 접속한 연극예매 사이트는 내게 생경했다. 알록달록하고 화려한 공연 포스터들이 내 눈을 돌아가게 했다. '우와 세상이 이렇게 달라졌다니'라는 생각이 들 만큼 새로운 공연들

만큼이나 세상이 어떻게 돌아가는지도 잊고 살았다.

그도 그럴 것이, 아이를 낳고는 TV도 켠 적이 없으니 말이다.

공연 예매 사이트를 보는 것만으로도 눈이 휘둥그레진 나는 생각난 김에 공연 3개를 예약했다.

- 27년 만에 연극무대에 복귀한 전도연 배우가 나오는 〈벚꽃 동산〉
- 연극무대에 오르는 일이 힐링 시간과 공간이라는 황정민 배우가 나오는 〈맥베스〉
- 배우는 신념이 없으면 흔들린다고 말하는 문소리 배우가 출연하는 〈사운드 인사이드〉

3개 공연 모두 유명 배우가 출연하는 공연이기에 예약이 치열했지만, 운이 좋게 3개 공연 모두 예매할 수 있었다.

'역시 나는 마음만 먹으면 다 되는군. 훗, 하늘도 나의 시간을 응원하나 봐'

라며 혼자서 차오르는 뿌듯함에 희열을 느꼈다. 예매만 하고도 설레는 일이라니, 왜 진작 시도조차 해보지 않았다 후회가 될 지경이었다. 출산 후, 첫 연극 관람을 하는 날은 내가 오디션을 보는 것만큼이나 떨렸다.

그저 공연장에 가는 길부터 긴장되고 설렜다. 나의 출산 후 첫 공연 관람을 응원이라도 해주듯 남편은 쿠숑이와 함께 나를 공연장까지 차로 데려다주었다.

누가 보면 공연 관람이 아니고 공연 출연자인 줄 알 정도로 가족 모두 비장한 마음이었던 것 같다. 그만큼 내가 잃었던 나의 활력과 동시에 나를 채우는 시간이 되길 바라는 모두 같은 마음이지 않았을까.

가족들의 응원과 지지로 극장에 들어서는 순간 회사에 복직했던 그날보다 더 벅차올랐다. 공연장에 입장해 객석에 앉았을 때도 곧 시작할 공연에 대한 기대와 함께 그저 행복감이 날 감싸안았다.

공연을 관람하는 내내 배우의 감정에도 이입해 보고, 멋진 무대 연출, 조명, 사운드에 감탄도 해보았다. 정말로 종합예술의 집합체인 연극 무대가 너무 그리웠고 보고싶었나 보다.

워낙 연기력도 탄탄하고 뛰어난 데다 유명한 배우분들의 공연이어서인지 더 몰입감과 나의 행복지수 향상에 큰 도움이 되었던 것 같다.

모든 공연이 다 좋았지만, 특히 관람하며 행복의 눈물을 흘린 공연은 황정민 배우가 나오는 맥베스였다. 예전에 황정민 배우가 출연하는 연극 〈리차드3세〉를 보고 배우의 연기가 이런거구나 라는 생각에 입이 떡 벌어졌던 기억이 있다. 그래서 이번 〈맥베스〉도 기대했던 것 같다.

역시나 배우분들의 연기력은 말할 필요도 없이 뛰어났다. 미신과 탐욕, 아내의 부추김 사이에서 허우적대던 맥베스가 최고 권력자가 된 뒤 변화하는 과정을 섬세하고 처절하게 연기로 보여준다. 왕좌를 차지하기 위해 국왕을 시해한 뒤 벌벌 떨던 모습이 갑자기 사라지고는 결연한 자세로 칼을 뽑으며 하는 대사도 울림이 있다.

'우리는 가련한 배우에 지나지 않는다. 인생은 바보들의 이야기일 뿐. 소음과 광기로 가득하지만, 아무런 의미도 없다. 바람아 불어라, 오너라 파멸아'

무대 한땀 한땀 공을 들인 구조와 소품 하나까지 나의 호기심을 자극하기에 충분했다. 음산하고 기이한 회색 톤의 무대와 상황에 따라 사운드와 조명 역시 몰입감을 꽤 높였다. 죽은 역할이 피투성이가 된 모습으로 소리 없이 웃으며 등장할 때는 과거를 회상하는 듯한 느낌을 주기도 한다. 와 어떻게 저런 연출을 생각 한 거지 라는 감탄이 절로 나왔다.

그리고 배우들의 감정이 폭발하는 순간 내 심장이 옆 사람에게도 들리듯이 쿵쾅거렸다. 그리고 내 혈액의 펌프질이 느껴지며 피가 가열차게 흐르는 것이 느껴졌다.

나도 모르게 순간 '그래 이거다. 나 살아있는 것 같아'라고 감탄했다.

그러고는 눈물이 줄줄 흘렀다. 나도 이런 희열과 감동의 감정을 느끼는 사람이었던 거다.

그런데 그동안 잊고 지냈다.

나도 좋아하는 것이 있었지 참. 이라는 위안과 함께.

가끔은 멈춰도 괜찮다는 위로

 결혼 전, 여행을 좋아했던 나는 매년 혼자서 2~4곳의 해외여행을 떠날 만큼 여행을 통해 힐링 되는 사람이었다. 생각해 보니 결혼 후에는 혼자 여행을 한 경험이 없었다. 출산 후에는 더더욱 엄두를 낼 수 없었다.

 지난 가을, 세 가족이 2주간 발리 여행을 다녀온 직후 나 혼자만의 여행을 떠났다. 감사하게도 남편이 먼저 혼자의 여행을 제안했고, 어디를 갈지 고민하다 치앙마이로 결정했다. 총 4일간의 여행이었다.

 여행을 준비하는 과정부터 여행을 떠나면서까지 아이와 처음 떨어져 지낼 4일이 제일 걱정되었다. 나와는 하루도 떨어져 보낸 시간이 없기에 나와 남편과 아이에게는 매우 큰 도전이었다. 하지만 나만의 시간을 갖는 것도 중요했기에 위대한 첫 시도를 해보았다.

내가 자리를 비우는 4일간 아이가 어린이집에 입고 갈 옷들과 양말도 하나하나 정리해 두었다. 먹을 것들은 남편이 알아서 잘 챙기기로 했다. 내가 집을 비우면 집이 멈추기라도 할듯 두려움으로 수없이 '나 이 여행 가도 괜찮은가?'라는 의심이 들었다.

드디어 여행을 떠나는 날이 왔다.

집을 혼자 나설 때부터 긴장한 엄마와는 달리 씩씩한 우리 딸이 말했다.

"엄마 재밌는 여행 다녀와, 많이 보고 싶을 거야. 나는 걱정하지 마~"

정말 나보다 더 의젓하고 멋진 쿠숑이다. 호기롭게 집 문을 나서 새벽 공항버스를 타고 인천공항을 가는 길에 오랜만에 빼든 에어팟으로 노래를 들었다.

'나 이래도 되나?' 하는 생각이 제일 먼저 들었다.

'나 그래도 엄마인데. 이렇게 다 내버려두고 다녀와도 되는 걸까?'

'지금 등원준비는 잘하고 있겠지? 머리도 예쁘게 잘 묶어줘야 하는데 아빠가 잘할까?'

참으로 소심한 걱정 인형이자 우물 안 개구리처럼 사는 엄마 다 싶다.

내가 하루이틀 엄마 역할을 하지 않는다고 내가 엄마가 아닌 게 되는 것도 아니다. 그리고 엄마라고 365일 24간 엄마의 역할을 수행해야 한다는 것도 그 어디에도 없다. 그런데 나는 도대체 무엇 때문에 이렇게 집착하고 있었던 걸까?

계속해서 지금은 괜찮은지 궁금한 부녀 생각을 억지로라도 내려놓아 본다. 그리고 나만의 시간을 누려보자고 다짐한다.

오랜만에 듣는 나의 플레이리스트에 혼자서 흥얼거리기도 해 보고, 공항버스 바깥 풍경도 즐겨본다. 다들 출근 준비로 분주했을 이른 아침 시간, 쌩쌩 달려가는 차들 사이에 내가 함께 있다니.

일과 육아 사이에서 허덕여왔던 나도 스쳐 지나가며 나의 지금은 어떤지 돌아본다.

공항에 도착해 비행기 탑승 전까지의 여유 넘치는 시간에 나는 어딘가의 허전함이 있었다. 늘 아이랑 남편과 복닥거리며 보낸 시간에 익숙해진 탓인 것 같다. 덩그러니 놓인 내가 어색하고, 나 자신이 아닌 것 같은 느낌이랄까.

비행기를 타고 가는 공간에서 그동안 읽고 싶었던 책을 두 권이나 읽었다. 비행기에서 잠도 자지 않고, 그동안 듣고 싶었던 노래, 영화, 책 모두 즐겼다. 그런데 더 놀라운 사실은?

치앙마이에 도착해서도 며칠 간은 나만을 위한 시간이 기다리고 있다는 짜릿한 진실에 몸이 부르르 떨렸다. 너무 좋아서.

저녁 시간에 도착한 치앙마이에서 앱으로 택시를 불러 타고 예약해 둔 숙소로 향했다. 사실 여행을 가면 택시를 부르고 이동하는 것은 모두 남편의 몫이었다. 워낙 꼼꼼하게 잘 챙기는 남편이라 나는 항상 신경 쓰지 않았다. 그런데 지금은 나 혼자 해내야 한다. 익숙했던 것들이 부담으로 다가오는 몇몇의 순간이 있었다. 그렇게 가족의 소중함과 그리움이 가끔 툭 튀어나왔다.

숙소에 도착해서 나만의 호캉스가 시작되었다. 널찍한 침대에 나 혼자 누워 이리저리 뒹굴어도 될 텐데 천장을 본 자세로 흐트러짐 없이 잘도 자는 나에게는 괜히 넓은 침대 공간이 아까울 뿐이다.

그러면서 떠오르는 우리 쿠숑이와 남편 생각을 하는 나라는 여자.

다음 날 아침이 되어 호텔 조식을 즐기고는 치앙마이 도심을 정처 없이 걸어 다녔다. 하루에 한 3만 보쯤 걸었다. 땀이 뻘뻘 나지만 혼자서 가고 싶은 길을 따라 걷는 시간이 꽤 즐거웠다.

가고 싶은 길로 가다가 쉬고 싶을 때 쉬고, 먹고 싶은 곳에서 먹고, 또 걷고 싶을 때 걷는 것이 감사하게 느껴졌다. 내가 하고 싶은 방식과 순간들을 선택하는 것이 당연하게 여겨지지 않았던 시간에 살아서인가 보다. 하루를 그렇게 걷고 나니 지치기보다 오히려 활력이 넘쳤다.

그리고 느낀 것은 '아, 나도 혼자서 선택하고 무엇이든 할 수 있는 사람이었지'였다.

그렇다. 나도 꽤 자율적이고, 독립적인 여성이었다. 그런데 지금은 그러지 못해 자신을 나약하다고 단정하고 살고 있었구나.

어쩌면 나를 나만의 기준으로 맞추려 온 힘을 다해 강박관념에 사로잡혀 있었는지도 모르겠다.

하루를 꼬박 걸은 날 저녁, 아이와 통화를 했다. 내 걱정과는 달리 아빠가 먹여주지 않아도 스스로 밥을 두 그릇이나 먹었다고 한다. 잠자기 전 통화인데도 울지 않고, 말한다.

"엄마, 재밌는 시간 보내고 있지? 나 아빠랑 둘이 잘 있으니까 걱정하지 말고, 즐겨~"

다시 생각해도 세 돌도 안 된 아이가 처음으로 떨어진 엄마와의 시간을 이렇게 씩씩하고 담담하게 받아들이고, 나를 격려한다고?

물론 엄마는 절대 해주지 않는 달콤한 간식과 TV라는 중독적인 유혹이 아빠의 치트키로 쓰였을 것을 알고 있다. 하지만 이렇게 쿨한 딸이었다니! 그래서 살짝 서운함도 있지만 고맙고 감사한 마음이 더 큰 출산 후 첫 자유시간이다.

역시 내가 없다고 안 되는 일은 없다. 그리고 엄마가 없다고 집이 무너지지 않는다.

그렇게 든든한 나의 남편과 씩씩한 딸 덕분에 나는 치앙마이에서의 시간을 제대로 즐겼다. 가만히 있지를 못하는 내 성격을 다시 한번 체감했다. 가만히 누워서 잠만 잘 줄 알았지만, 멈추지 않고 쉼 없이 돌아다녔다. 그것도 두 다리로 끝없이 걸었다.

심지어 산도 타고 있는 내 모습을 보며, 와 이 에너지 이렇게 빼고 싶어서 어떻게 살았니 송아? 라고 스스로 질문했다. 속옷까지 흠뻑 젖을 정도로 산을 탔는데, 몸속 피가 제대로 팽팽 도는 느낌이 나면서 정신이 맑아졌다.

그래. 나 송이었지. 라는 감탄과 함께 말이다.

이제야 비로소 나로 돌아온 느낌이었다.

이런 느낌, 기분을 느낄 수 있게 해준 쿠송이와 쿠송이 아빠를 더 사랑하게 될 것 같다.

역시 엄마에게도 엄마만의 시간이 필요하다.

내가 좋아하는 것을 찾고
나만의 시간 갖기

혼자만의 여행을 통해 내가 잠시 엄마의 역할을 쉬어도 아무 일도 일어나지 않는다는 사실을 알아차렸다. 엄마로서 버겁고 부담스러웠을 그 무게를 살짝 내려놓고, 나만을 위한 시간을 적극적으로 가져야겠다고 마음먹었다. 내가 채워져야 좋은 에너지를 뿜어낼 수 있을 것 같았다. 그리고 껍데기만 남아 금방이라도 부서질 것 같던 나를 알록달록 색깔들로 채우고 싶었다.

연극 관람을 통해 뛰었던 심장처럼 나의 가슴을 뛰게 하는 것들을 찾았다.

우선은 매월 1회는 공연을 보는 스케쥴들을 잡았다.

그리고 넷플연가라는 커뮤니티 모임에서 영화 연기 그룹에 신청했다. 연기의 기본이 되는 신체 훈련과 교감 훈련을 하고, 영화 대본으로 직접 연기를 해보는 모임이었다. 일부러 기초 연기반에 신청했다. 연기를 하지 않은 지 20년이 되었으니, 전공을 숨긴 채 참여했다.

몸을 푸는 것부터 함께하는 분들과 교감하는 훈련들이 옛 러시아의 기억을 떠올리게 할 만큼 신선했고 재미있었다. 영화의 몇몇 장면의 대본을 보고, 몰입해서 연기를 했다.

내가 화를 버럭 내며 소리 질러야 하는 장면이었는데, 갑자기 속이 뻥 뚫리듯 후련해지면서 황정민 배우의 연극무대를 봤을 때처럼 심장이 기분 좋게 쿵쾅거렸다. 강력한 심장의 펌프질로 온몸의 혈액이 팡팡 도는 그런 느낌이었다.

또 한 번 더 내가 살아있음을 느꼈다. '그래 나도 내가 좋아하는 것이 있었어'

굉장한 희열을 느꼈다. 그리고 연기가 끝난 후, 함께한 멤버들과 선생님이 하나둘씩 물었다.

"솔직히 연기했었죠? 배우 출신?"

나는 머쓱하게 대답했다.

"사…실.. 저는 전공자예요 헤헤~"

"아, 역시. 연기할 때 눈빛이랑 에너지가 남달랐어요. 멋져요. 정말~"

그래도 4년 동안 러시아에서 훈련해 온 가락이 있으니, 몸은 기억하고 있었나 보다.

그리고 미술학원에도 등록했다. 어린 시절 미술학원에 가면 물감으로 색칠하고 그림으로 무언가를 표현하던 것이 매우 좋았던 기억이 있다. 40대가 된 나는 그때 그 시절의 기억을 떠올리며 미술학원의 문을 두드리게 되었다. 평소 그리고 싶었던 해바라기, 바다 등을 나이프화로 도전해 보았다. 그림을 그리고 색칠하는 동안, 오로지 그림에만 집중할 수 있는 그 기분이 평화롭고 좋았다.

그리고 캔버스 위에 그려지는 나의 손길들이 더 멋지고 경이롭게 느껴졌다.

무엇보다 미술이 즐거웠던 이유는, 나만의 작품이기에 정답이 없다는 사실이었다. 내가 멈추고 싶으면 멈추고 더 그리고 싶으면 더 그리면 된다. 내가 완성이라고 생각하면 그게 완성인 거다. 누군가에게 보여주기 위한 그림이 아니므로 내 만족에까지 그려내면 그게 완성이라는 점이 너무 좋았다.

모든 것을 내가 결정할 수 있다는 점에서 상당한 매력이 있었다. 그리고 내 생각을 그림과 색채와 칠하는 방식으로 결정할 수 있다는 점도 색깔을 잃은 3년 차 엄마에게 너무나 필요한 활동이었다.

그렇게 여러 작품을 완성하고, 우리 집 곳곳에 그림을 걸었다.

누구보다 나의 작품들을 집 안에 전시하는 데에 적극적인 남편에게 다시 한번 고마움을 느끼고 있다.

그리고 주변에서 추천했던 글쓰기를 미루고 미루다 한번 시도해 보자고 마음을 먹었다. 어린 시절 일기 쓰는 것이 그렇게 귀찮고 싫었기에 글쓰기가 무슨 도움이 되는 것인지 몰랐다. 그렇지만 많은 사람들이 추천하는 것은 이유가 있겠다고 생각했다. 그리고 내가 직접 해보지 않고, 별로야 라고, 판단하는 것은 정말 오만한 생각 같았다.

나의 첫 글쓰기 도전은 꾸준하게 매일매일 하고 싶어서 30일간 나에게 던지는 질문들로 매일 1,000자씩 쓰는 미션캠프라는 프로그램을 신청했다. 30일간 수행을 하면, 나만의 책으로 만들어 주기도 했다. 그렇게 나는 하루도 빼놓지 않고 나에 대해 던지는 질문들을 써 내려갔다.

질문들은 이렇다.

'당신은 지금 당신의 모습이 마음에 드나요?'
'당신의 삶에서 가장 낭만적인 순간은 언제였나요?'
'다른 사람이 말하는 당신의 매력은 무엇인가요?'
'나만의 인생 깨달음을 주제로 강연한다면 어떤 이야기를 하

고 싶나요?'

'당신의 삶에서 가장 큰 실패는 무엇인가요? 그리고 그 실패에서 무엇을 얻었나요?'

단순하지 않은 질문들이었다. 꽤 깊은 생각을 해야 했고, 글로 쓰려다 보니 구체적인 사례나 이유로 글의 구조를 생각해야 했다. 그리고 내 생각을 글로 써내려 가는 것이 깊은 사색부터 시작되어야 함을 깨달았다. 글로 한 글자 한 글자, 한 페이지씩 정리를 30일간 해보니 딱 든 생각이 있었다.

'와, 나 진짜 괜찮은 사람이구나. 나 정말 매력이 많은 사람이다'였다.

육아와 일의 사이에 껴서 자존감은 저 밑바닥에 있었던 내가 글쓰기 30일을 통해 깨달은 것이었다. 내 생각과 가슴속 응어리들이 글을 써내려 가며 정리되고 정화된 것 같았다.

공연을 보고, 그림을 볼 때와는 차원이 다른 결의 울림이었다. 나의 자존감이 회복되고 치유된 것 같은 느낌을 놓치고 싶지 않았다. 30일이 지나고 나면 원래대로 돌아갈 것 같은 생각에 새로운 나만의 글쓰기 프로젝트를 찾았다.

그다음 글쓰기 프로젝트는 글ego라는 곳에 참여해 6주간 글쓰기 수업과 집필을 통해 1권의 책을 내는 것이었다. 다행히 총 9명의 예비 작가들이 모여 1권의 책을 내는 것이었기에 A4 15

장 정도의 분량을 목표로 썼다. 글쓰기를 위해 알아야 할 이론적인 것에 대한 수업을 들었고, 제목과 목차를 정하고 나의 이야기들을 매일매일 조금씩 담았다.

프로젝트를 이끌어 주시는 신춘문예 등단 작가님이 머리말을 써보면 어떻겠냐고 제안 주셨고, 감사하게도 나의 머리말이 실릴 수 있었다. 그리고 나는 9명의 작가 중 제일 첫 번째 작품으로 배치되었다. 그렇게 《별이 모여 별자리가 되듯》이라는 제목의 책이 출판되었다.

6주 프로젝트 후에도 꾸준히 글쓰기를 할 무언가가 필요했다. 그렇게 시작된 것이 지금의 '완벽한 워킹맘 그런 거 없습니다'다. 꾸준히 글쓰기를 위한 목적도 있지만, 활력을 띄고 잃었던 내가 나만의 색깔을 찾아가는 과정을 공유하고 싶었다. 그리고 나처럼 일과 육아 사이에서 지쳐가는 워킹맘들의 든든한 공감러이자 동행자가 되고 싶었다.

나의 미약한 메시지나 경험일지 몰라도, 누군가에게 힘이 되고 싶다는 의지가 있었다.

어떻게든 버텨내고 있는 나이지만, 내가 좋아하는 것들을 찾으며 일과 육아 속 나의 균형을 찾아가는 나의 이야기를 꼭 전하고 싶다.

우리 각자가 좋아하는 것이 있었던 그런 시절이 있었으니까.

나로 인해 그런 것을 다시 찾고 시도해 볼 동기 그리고 용기가 생겼으면 하는 바람이다.

작은 행복에 집중하기

아침에 눈을 떴을 때, 아이가 나를 지그시 바라보고 있고 나를 보자마자 말한다.

'엄마 너무 보고 싶었어. 사랑해'라고.

나는 그 순간 세상의 모든 것을 가진 최고의 행복한 사람이 된다. 잠을 자고 일어났을 뿐인데, 행복이 내게 넝쿨째 굴러온 느낌이다.

'내가 무슨 복이 이렇게도 많아서'라고 생각한다.

내가 복이 많은 것도 맞지만, 이런 행복을 위해 지난 3년의 세월 동안 아이에게 쏟은 사랑과 노력의 결실일 수도 있겠다.

주말이면 아이와 남편과 어디로든 나간다. 캠핑을 가기도 하고, 차를 타고 훌쩍 떠나는 우리 가족이다. 나의 체력은 집 지붕 아래 침대와 한 몸이 되어 잠만 자고 싶다. 그렇지만 다시 오지 않을 지금, 이 순간을 조금 더 재밌게, 스펙타클하게 즐기자는 것이 우리 가족의 목표다.

나의 어린 시절을 돌이켜보면 그랬다. 매주 주말이면 어디론가 떠났다.

아빠는 운전했고, 엄마는 짐을 쌌다.

어떤 날은 깊은 산속 절에서 잠을 자고 물놀이를 하기도 했다.

또 어떤 날은 놀이동산에 갔다. 사람이 엄청 많았다. 아빠는 나와 동생과 놀이기구를 탔고, 엄마는 다음에 탈 놀이기구 앞에서 미리 줄을 서 있었다.

또 다른 날은 계곡으로 가서 시원한 물에 발을 담그고 놀다 불판을 꺼내 삼겹살을 구워 먹었다.

또 다른 주말에는 산에 올랐다. 아빠의 배낭에는 없는 것이 없었다. 우리가 필요한 것이 다 나왔다. 수건, 물, 보호대, 방석 등 이것저것이 다 나오는 신기한 도라에몽 배낭이었다.

매주 그렇게 떠났던 나의 어린 시절은 지금 생각해도 미소를 머금게 된다. '우리 가족은 참 즐거웠어'라고 생각될 만큼 그때 그 시절의 기억이 필름처럼 하나하나 좋은 추억으로 보관 되어 있다. 그리고 내가 힘들 때면, 그 시절 그 분위기, 공기들이 자연스레 떠오르며 나를 버티게 하는 힘이 된다.

가만히 생각해 보면, 그렇게 매주 떠나던 우리 가족의 얼굴 속에 우리 엄마는 늘 무표정이었다. 가족에게 필요한 것들을 말 없이 알뜰살뜰 챙겼지만, 어딘가 힘들어 보였다. 그리고 때론 사소한 우리의 장난에 무섭게 혼을 냈다. 그런 엄마가 무서웠고, 이해되지 않았던 그 시절이었다.

그런데 시간이 흘러 내가 엄마가 되고 보니, 엄마는 그 때 최선을 다해 버티고 참고 있었던 것 같다. 아이 둘을 케어하고, 주말에는 쉬지 못하고 아이들과 떠나야 한다는 아빠의 의견에 못 이겨 오로지 가족만을 위해 집 밖을 나섰을 우리 엄마다.

어딘가 화난 표정으로 함께했던 엄마는 마음과 몸으로 힘들었을 육아기를 보내며 얼마나 고되고 외로웠을까.

지금의 나 역시도 주말마다 외부 활동을 제안하는 남편의 등쌀에 못 이겨 억지로 따라나선다. 나는 무표정으로 일관하며, 매사에 짜증과 화만 낸다. 그런 내 모습을 돌아보며, 어린 시절 추억 속 엄마의 얼굴이 생각났다.

늘 그런 엄마의 모습이 의아했지만, 눈치만 보던 마음이 불편했다. 그리고 눈치 봤던 어린 시절 내 마음이 떠올라 '지금의 나는 그러면 안 되겠다'라고 다짐한다.

우리 아이에게는 그저 아빠와 엄마와 보내는 시간이 천진난

만하고 즐거울 수 있다면 좋겠다. 든든한 울타리이자 지원군이자 동반자처럼 말이다.

아이와 남편이 넓은 잔디에서 비눗방울을 날리며 뛰어노는 모습을 캠핑 의자에 앉아 가만히 바라봤다. 그 위로는 노을이 멋지게 지고 있었다. 그것이 바로 천국이었다. 우리 아이의 까르르 웃음소리가 더해지니 그것이야말로 유토피아다.

살다 보면 습관적으로 먼 곳에서 행복을 찾게 된다.

그렇지만 행복은 언제나 내 곁에 있다.

한 프로그램에서 강하늘 배우가 이런 말을 한 적이 있다.

"어떤 책에서 읽은 적이 있어요. 과거는 다 거짓말이고 미래는 환상일 뿐이래요. 우리의 힘이 닿을 수 있는 건 아무것도 없다는 거예요. 지금 만이 우리 힘이 닿을 수 있는 시간이래요. 지금 내가 딱히 불행하지 않으면 지금이 제일 행복한 것이라고요."

행복해지기 위한 특별한 방법이 있는 것이 아닌 것 같다. 지금, 이 순간 불행하지 않다면 나는 행복한 거다.

흘러간 과거를 후회하고, 그 시간을 보내지 못하고 붙잡고 있을 때가 가장 아깝고 한스러운 것 같다. 되돌릴 수 없으니 말이다. 그리고 지금 내 앞에 다가온 소중한 시간을 허송세월로 보내고 있는 것일 수도 있으니.

그러므로 과거를 후회하지 않을 때 비로소 행복해지는 것 같다. 지금, 이 순간을 값지고 멋지게 보내는 것이야말로 내 힘이 닿을 수 있는 찐 행복을 만드는 일이 아닐까.

내 앞에 작은 행복에 집중하다 보면 모든 순간이 모여 진짜 행복으로 나를 따뜻하고 예쁘게 만들어 줄 거다.

완벽도 비교도 필요 없다, 나만의 길을 찾아서

육아하며 가장 큰 어려움은 처음 가는 길이기에 아무것도 모르겠는 두려움이다. 그럼에도 불구하고 엄마니까 잘 해내고 싶고, 이왕이면 완벽하게 하고 싶었다.

아이러니하게도 육아의 완벽을 위한 기준은 그 어디에도 없다. 소위 육아의 FM이라는 것은 누가 정해두었을까? SNS를 보면 모두가 완벽한 엄마다. 아이의 밥과 간식을 차려줄 때도 이렇게 완벽하고 예쁠 수가 없다. 반대로 나의 모습을 보면, '이렇게 초라하기 짝이 없는 엄마의 솜씨라니'라는 생각이 저절로 든다. 그리고 아이에게 미안해진다. 미안함 뒤에는 죄책감이 온다. 그렇게 엄마는 주변과의 비교로 끝없이 죄인이 된다.

하지만 생각해 보면, SNS 속 엄마가 SNS를 벗어난 곳에서도 24시간 내내 예쁜 모습만을 아이에게 주지 않을 가능성도 꽤 높다. 행복하고 예쁘고 자랑하고 싶은 순간들만 올리는 것이 SNS라는 공개된 공간이니까. 특히 SNS를 활용한 매출을 만들어내는 인플루언서들의 경우는 더더욱 그럴 것이다.

그래서 육아하다 보면 나만의 기준이 제일 중요한 것 같다. 그 어떤 것에도 흔들리지 않을 기준이면 참 좋겠지만, 하루에도 수십 번 갈대처럼 흔들리기는 한다. 나의 인생만큼이나 아이를 키우는 데 있어 수많은 선택의 순간이 있는데 그때마다 최고까지는 아니더라도 아이를 위한 최선의 선택을 위해 모든 엄마가 고민할 것이다. 행여나 그 선택이 최악이 아닌 차악이라 할지라도 엄마들은 오로지 아이만을 위해 온 우주의 기운을 모은 선택을 했을 것이다.

그러므로 나만의 기준과 나의 선택에 대해 확신을 가지면 좋겠다. 어쩌다 후회할 수도 있지만, 지나간 것을 아쉬워하고 자책하기보다 '다음에는 더 좋은 선택을 하면 되지'라는 마음으로 그 선택을 받아들이면 좋다.

육아의 여러 영역 중, 이것만은 완벽해지고 싶다고 하는 것이 있다. 그것은 바로 아이의 소풍 도시락이다. 〈똥손 엄마의 이유식 연구소〉에서 다룬 이야기처럼 나는 음식을 만드는 데에 소질이 전혀 없다. 하지만 마음만은 장금이 뺨을, 칠만큼 아이를 위해 구절판도 만들 사람이다.

그런 내가 소풍 도시락만큼은 인플루언서들이 올린 사진들을 스크랩해 두고, 아이 소풍 때가 되면 한 달 전부터 도시락 구성 디자인부터 식재료 선별까지, 게다가 도시락 도면을 그려가며 고민한다. 마치 비장하게 첫 전시회를 여는 아티스트가 된 것처럼 말이다.

아이의 소풍 도시락에 유난스러운 이유는 나의 어린 시절 기억 때문이다. 늘 기다려지는 소풍 때면, 엄마들은 아이가 먹을 김밥을 열심히 싼다. 친구들의 도시락은 언제나 작고 귀여운 그리고 또 예쁜 김밥들로 꾸며진다. 그런데 나는 항상 내 도시락이 창피했다. 우리 엄마가 싼 김밥은 항상 엄청 크고 뚱뚱했다. 딸을 사랑하는 마음을 가득 담아서인지 단무지, 햄, 당근, 시금치, 우엉, 밥을 꽉꽉 채워서 입을 최대한 벌려야 한입에 들어갈 만큼 꽤 컸다.

우리 엄마는 그랬다. 예쁜 모양도 데코도 필요없다. 그저 실용주의였다. 그리고 예쁘게 꾸며줄 의지도 없었지만, 시간도 없었다. 그래서 나는 소풍 때면 친구들의 도시락을 구경하느라 바빴다. 그 누구도 내 도시락을 놀리지는 않았지만, 그냥 창피하고 쑥스러웠다. 그러다 친구들의 작은 김밥을 입에 넣어볼 때면 그 도시락이 괜히 더 맛있었던 것 같다. 예쁘게 장식한 도시락을 싸 오는 친구들을 볼 때면 '너희 엄마는 너무 멋지다. 부럽다'라고 속으로 생각될 만큼 가지고 싶은 도시락이었다.

물론 시간이 흘러 우리 엄마가 싼 왕 김밥은 속을 꽉꽉 채우고 든든한 김밥으로 유명해진 여러 브랜드의 모양과 흡사했다. 역시 우리 엄마는 트렌드를 앞서간 신 여성이었다. 그렇지만 어린 시절 나에게는 든든한 왕 김밥보다 다른 친구들이 부러워할 만한 예쁘고 시선 강탈되는 김밥이 필요했다.

그러면서 나도 다짐한 것 같다. 만약 내가 미래에 누군가의 도시락을 싸게 된다면 예쁘고 화려하게 만들 거라고. 드디어 그 나의 다짐이 발현될 때가 온 것이다. 바로 우리 딸의 소풍 도시락이었다.

나의 소풍 도시락 1호 고객님인 우리 딸이 만족스러워했으면 하는 바람으로 아이가 좋아하는 동물과 색깔들을 고려해 도시락통부터 골랐다. 그리고 예쁜 모양 틀, 장식을 위한 김 펀치, 과일을 꽂을 픽, 도시락을 돋보이게 해줄 귀여운 간식 등 하나하나 선정하고 고르는 재미가 쏠쏠했다.

그렇게 준비된 도시락 준비물을 직접 만들어야 하는 D-day가 되었을 때, 새벽 3시부터 일어나서 준비했다. 똥손이라 느리기도 느리다. 첫 도시락에는 5가지 정도의 모양이 필요했다.

그 중 제일 어려웠던 벌 모양 밥. 동그랗게 만든 밥 위에 벌을 표현해줄 치즈를 잘라 올리고, 벌의 줄무늬 표현을 위해 김을 잘라 올린다. 두꺼운 내 손가락을 대신해 줄 핀셋으로 김을 조심스레 올린다. 벌의 눈도 올린다. 그리고 벌의 볼 터치는 아주 작은 약통에 케첩을 담아 콕 집어 준다.

난 다시 한번 깨닫게 된다. 정말 난 요리에 소질이 1도 없다는 걸 말이다. 내가 만들고 싶은 벌은 아마도 날기 어려울 것같이 분명 어딘가 불편해 보이는 녀석으로 만들어졌다. 그래도 스치듯 보면 완벽한 벌임은 분명하다.

이런 작업을 새벽 3시부터 4시간 동안 했다. 도시락이 완성 될 때쯤 눈을 비비며 일어난 우리 딸이 다가왔다.

"엄마, 뭐해?'

"쿠숑아, 오늘 소풍 가잖아. 엄마가 도시락 쌌는데 한번 볼래? (뚜껑을 열며) 짜잔~"

"우와~ 엄마! 너무 예쁘잖아. 엄마 고마워. 사랑해!"

새벽부터 일어나 도시락 실험실을 열었던 엄마의 피곤이 싹 사라진다.

"엄마, 친구들이 너무 예쁘다고 막 쳐다볼 것 같아. 내 꺼 다 먹으면 어쩌지?"

정말 말 한마디 한마디가 나에게 비타민이 되어주는 우리 딸이다.

오후쯤 어린이집 알림장에 소풍가서 도시락을 먹는 아이의 사진이 올라온다. 같은 반 친구들의 도시락 사진도 괜히 들여다본다. 혼자 생각한다. '음~ 우리 아가 도시락이 젤 멋지고 예쁘군' 자화자찬하고 스스로 만족해 본다.

도시락을 먹는 사진 속 우리 딸의 표정도 좋은 것을 보니, 그래도 나쁘지 않았던 똥손 엄마의 소풍 도시락이었던 것 같다.

사실은 내가 정한 소풍 도시락에 대한 기준에 내 만족을 채운 것이다. 아이도 좋아하는 것 같고 나도 만족스러웠으니 그 자체로 내게는 완벽한 거다.

그걸로 되었다. 내가 하고 싶은 것들을 하고 또 내가 생각한 어느 정도의 기준에서 크게 벗어나지 않는다면 나는 잘 해낸 거니까.

다른 사람들의 육아 방식과 비교하게 된다면 '아 나랑은 다르구나. 이렇게 할 수도 있겠구나' 정도 생각한다. 나와는 다른 기준과 생각의 육아 방식을 참고만 하면 되니까.

내가 가는 오늘의 길이 나와 아이를 위한 나만의 최고의 선택임을 잊지 말자.

나답게 사는 연습,
나답게 말하는 용기

아이에게 감정에 대한 이야기를 많이 한다. 자신의 감정을 이해하고 또 표현하는 것은 매우 중요하기 때문이다. 지금 내가 어떤 감정을 느끼고 있고, 어떤 상태인지를 스스로 인식하는 것이 그 감정을 들여다보며 조절할 수 있는 시작이 되기 때문이다.

나의 어린 시절은 내 감정이 지금 왜 이런지, 내가 어떤 상태인지를 점검할 수 없었다. 그런 분위기도 아니었고, 그런 내 감정을 읽어주는 사람도 없었기 때문이다. 그래서 화가 나도 속상해도 제대로 표출하고 표현하는 방법을 몰랐다. 그래서 속으로 곪거나 엉뚱한 곳에서 폭발하는 때도 있었다. 괜히 엄마와 아빠 앞에서 쿵쿵거린다거나 어린 동생에게 짜증을 부리고는 했다.

그때의 어린 나는 '내 마음 좀 알아주세요. 나 지금 마음이 매우 불편하거든요'를 그렇게 표현했던 것 같다. 그런데도 자신의 감정을 모두 표현해서는 안 된다는 보이지 않는 가르침이 집에서도 학교에서도 있었다. 억누르고 억제하고 참는 것이 미덕인 것처럼 말이다.

사회 초년생 시절, 서울시 산하기관의 인턴으로 입사했다. 어리고 연극 연기를 전공한 나를 참 신기하게 바라보면서도 예뻐해 주는 분위기였다. 하지만 나를 언젠가는 연기를 하기 위해 떠날 아이로 대했다. 중요한 것은 나는 한번 도 연기에 대한 꿈이 있다고 말한 적이 없었다. 오로지 이력서 속 내 전공만을 보고는 그렇게 판단하고 나를 대했다. 그런 시선 탓인지 직장 상사는 시킨 일들에 대한 피드백을 차일피일 미뤘다. 그리고 새로 입사한 계약직 직원에게 나의 일을 다 넘기고는 나를 외근직으로 돌렸다.

억울했지만 억누르고 참는 것이 미덕이라고 배워왔던 나는 애써 상사에게 깊은 뜻이 있을 거라고, 말하지 않아도 내가 지금 어떤 마음일지 알 거라는 생각으로 상황을 받아들이고 묵묵히 주어진 업무들을 수행할 뿐이었다.

그러다 시간이 흘러 계약직 직원만 챙기며 등한시되는 나와 비슷한 상황의 직원 몇 명이 더 생겨날 때 목소리를 내야겠다고 생각했다. 담당 과장님에게 가서 용기 내 말했다. 참고로 나는 가장 막내였다.

"과장님, 제가 하고 있는 일들에 대한 피드백이 계속 없으셔서 그러는데요. 혹시 부족한 부분이 있다면 알려주세요."

"알겠어. 거기 둬."

"알겠다는 말씀 후에 피드백을 주시지 않은 지 n 회가 되는데요. 이유를 알려주실 수 있을까요?"

"어, 그래 잘했어. 일단 바쁘니까 거기 둬."

"네, 많이 바쁘시죠. 그래도 제가 외람되지만, 감히 의견 하나 드리고 싶은데요."

"어? 뭔데?"

"아무 설명 없이 갑작스레 외근직으로 돌리실 때도, 제 업무들을 계약직 직원에게 넘기실 때도 아무 말 없이 묵묵히 해내고 있는데요. 진행되고 있는 일이 어떤지 피드백을 기다리는 입장에서는 눈치만 보고 마음이 불편하거든요. 저도 열심히 일하고, 업무적으로 인정받고 싶어요. 부족한 게 있으면 알려주시고, 보완할 거나, 마음에 안 드는 것들이 있다면 다 알려주시면 좋겠어요. 저도 배우고 싶거든요!!"

"어… 어 그래. (당황해하며) 근데 꼭 말해야만 다 아는 건 아니야. 말 안 해도 다 알아. (긁적긁적)"

그 때의 내 나이는 20대 초반이었다. 참 패기있다. 지렁이도 밟으니 꿈틀한 순간이었던것 같다.

공교롭게도 그렇게 시간이 흘러서 서울시 담당 주무관이 그 과장님에게 내가 일을 잘한다고 칭찬하는 일이 많아졌다. 과장님도 나에게 많은 일들을 믿고 맡겨 주고 함께 이야기 나누는 일도 많아졌다. 그러던 어느 날 과장님이 나에게 조심스럽게 말했다.

"내가 아주 많이 미안했어. 이렇게 귀한 보석인 줄도 모르고, 제대로 업무 주고 예의 있게 대하지 못한 것 많이 후회해. 이렇게 잘 해내고 있어 줘서 고마워 정말!"이라고.

내가 살면서 들었던 어떤 말보다 가장 용기 있고, 보상받는 기분의 말이었다. 그렇게 나의 인생 첫 직장 상사로부터 억울했던 감정이 흘러 내려갔다.

그 후로 내가 깨달은 것이 있다. 그때의 과장님이 말하지 않아도 다 안다고 머쓱해서 둘러대며 말했던 것을 통해 느낀 점이다. '사람은 말하지 않으면 모른다는 것'이다. 내 기분, 감정, 상태가 어떤지 말하지 않으면 상대는 누구든 모른다. 가족도 말이다.

내가 아닌 누군가가 말하지 않아도 나를 알아줄 거라는 기대는 아무짝에도 쓸모가 없는 걸 말이다. 그래서 나를 알리고 개선이 필요한 모든 상황에는 '저 여기 있어요! 이것은 저에게 매우 불편해요.'라고 끊임없이 이야기해야 한다는 것을 뼈저리게 깨달았다.

그 후로 나는 나답게 용기 내어 말하는 법을 실천하고 있다.

물론 가장 중요한 것은 프로 불편러가 되지 않기 위해 솔직하지만 정중하게, 또 배려 있는 말투로 상대에게 말하는 것이다.

그래서 나는 나와는 다르게 우리 딸이 자신의 감정을 잘 인지하고 읽어서 잘 표현하는 사람이 되었으면 한다. 요즘 흔히들 많이 사용하는 메타인지가 잘 돼야 나 스스로를 이해하고, 또 제대로 표현할 수 있다고 믿는다. 그래야 상대의 마음도 이해하고, 예의 있게 그리고 앞으로 나아갈 수 있는 대화가 가능하기 때문이다.

아이에게 그런 사람이 될 수 있도록 아이와 매일 여러 번의 역할극을 한다. 무대를 세워두고 각을 잡고 하는 역할극이 아니라 소파에 앉아 엄마와 딸의 입장을 바꿔서 이야기해 본다거나 아이가 선생님이 돼보기도 한다. 역할놀이를 마치고는 서로 감정이 어땠는지 이야기를 나누는 시간이 꽤 재미있고, 의미 있다.

그래서 우리 아가는 어떤 상황이 되면, '엄마 감정이 어땠어? 지금은 괜찮은 거지? 아이고 속상했겠다.'라고 내 감정을 어루만져준다. 마치 전문가처럼 말이다. 또 어떨 때는 자신이 속상한 상황에 '(울먹이며) 엄마, 쿠숑이 마음이 지금 어떤지 알겠어요? 저 가슴이 너무 아파요 지금'이라고 말한다. 그러면 아이 마음에 충분히 공감을 해준 뒤, 어떻게 이겨 나가면 좋을지 구체적인 방법에 대해 이야기한다.

특별하고 대단한 방법이 있는 것은 아니지만, 대부분은 감정에 대한 공감과 이해의 시간을 보내면 그 뒤의 방법적인 것들은 자연스레 해결되었다.

아이와 역할극을 하다 내가 아이가 되는 상황을 겪어보고 나면, '아 우리 아이가 이럴 때 매우 속상했겠구나. 미처 내가 알지 못했네'라고, 느끼는 지점들이 많다.

그렇게 아이도 자신의 마음을 느끼고 이해하고 풀어내는 일상의 연습을 통해 아이 스타일에 맞게 표현하는 방법을 점차 터득하고 있는 듯하다. 상대를 이해하고 배려하는 만큼 나 자신도 이해하고 많이 배려하고 또 사랑해 주는 사람이 되기 위해 오늘도 계속 노력하고 있는 엄마다.

그 첫 출발은 나답게 말하고 나답게 용기 내는 것이다.

엄마로서, 직장인으로서의 자신감과 자존감 찾기

출산을 앞두었던 시기에 육아 선배 언니가 전화했다.

"출산 선물 많이 받았지? 나 출산할 때쯤 들어온 선물들을 보니까 다 아이 선물뿐이더라고. 아이만큼이나 내가 더 중요한데 아이만 축하하는 선물들인 것 같아서 속상하더라고! 나는~"

언니의 말을 듣고 내가 받은 선물들을 살펴보니 정말 그랬다. 아이 옷, 유아용품, 장난감 등으로 어느 것 하나 빼놓을 수 없이 다 필요한 것들이었다. 선물해 준 지인들의 고민과 정성스럽고 따뜻한 마음이 정말 고맙고 감사한 일임은 틀림없다. 그렇지만 육아 선배 언니 말처럼 나를 위한 선물은 없었다. 언니의 이야기가 없었다면 그저 흘러가는 대로 아무 생각이 없었을지도 모르겠다.

출산 후, 산후조리원에 있을 때 지인이 〈산모를 위한 영양간식 선물〉을 보냈을 때 그렇게 눈물이 났다. 출산 경험이 있는 아이 아빠의 선물이었다.

출산 직후 공허해진 몸만큼이나 마음도 허했던 때에 나를 위한 누군가의 선물이 커다란 위로처럼 따뜻하게 다가왔다.

그래서 나는 그 후로 출산을 앞둔 지인들에게는 산모에게 조금이라도 도움이 될 만한 산모 위주의 선물을 하려고 노력한다. 산모를 위해 도움이 되었던 사소한 선물을 고민한다. 하다못해 출산 후 젖이 막 돌아 힘들 가슴 진정을 위한 양배추 팩이라도.

출산 후, 산모님으로 불리며 점차 엄마라는 이름으로 불렸던 그 여정들 하나하나가 고되지만, 의미 있고 또 힘든 것을 너무나 잘 알기에 그 시작점에 조금이라도 응원을 보내고 싶은 마음인 것 같다.

그 하나하나의 마음이 내가 엄마로서의 자존감으로 자리잡아 온 것 같다.

육아 세계에 입성한 후로, 원래 내 이름으로 불리기보다 쿠숑이의 엄마가 더 익숙해진 요즘. 엄마로서 해야 할 역할은 잘하고 있는지를 점검해 보는 일이 습관처럼 자리 잡혔다. 그리고 내 이름이 아닌 '누군가의 엄마로 불리는 일이 이렇게 자랑스럽고 뿌듯할 수 있구나'를 느낀다.

누군가의 엄마로 불리는 게 익숙해진 만큼 내 이름 세 글자로 불리는 순간들이 어색할 때가 여전히 많다. 하지만 출산과 육아 이후로 원래의 자신감과 자존감은 꽤 많이 회복한 요즘 부모님에게 물려받은 나라는 존재가 나 자체로도 값진 것임을 다시 되새겨보는 중이다.

누군가 한 말이 기억난다.

'부모의 언어와 행동들이 아이의 세상이 된다.'

나는 이 말이 내게 너무 충격적이면서 임팩트가 강했다. 부모가 어떤 말과 행동들을 하는지가 곧 아이의 자존감과 자아가 됨을 잊지 말아야겠다는 다짐까지 하게 되었다. 가정의 좋은 환경이란 부모의 학벌도 교육관도 아니다. 그저 자라온 분위기와 문화라는 환경일 뿐이다. 나는 내 아이에게 그런 멋지고 괜찮은 세계를 만들어주고 있나? 라는 생각했을 때 꽤 많이 부족하다고 느꼈다.

하지만 아직 만들기 시작한 세계이기에 부모로서 성장 마인드셋을 장착하고 아이를 좋은 세계로 인도할 수 있을 것이라는 자신감이 있다.

그 이유는 나와 남편 모두 그런 건강한 세계를 물려받았기 때문이다. 건강한 생각과 말과 행동으로 우리라는 세계를 창조

한 우리들의 부모님으로 인해 형성된 어둡고 꼬이지 않은, 적어도 이타심이 있는 그런 세계임을 믿기 때문이다.

물론 우리 아이의 자신감과 자존감이 될 그 세계는 나와 남편이 만들어온 세계보다 더 밝고 긍정적이고 좋은 에너지만으로 가득 찼으면 가득찼으면 좋겠다.

그러기 위해 나를 지키는 것이 최우선이어야 한다는 것을 너무나도 잘 안다.

나이팅게일이 그랬다

'자기 자신을 위한 시간은 이기적인 것이 아니라 필수다'라고.

지켜야 할 것이 많은, 지키고 싶은 것이 많은 엄마는 나를 가장 먼저 지켜야 한다.

나를 지키는 일이 곧 모두를 지켜낼 수 있는 일이므로.

아이와 함께 자라는 나

워킹맘으로 살아가는 나에게 우리 엄마가 자주 하는 말이 있다.

'네가 참 부럽다'라고.

평생을 딸 바보로 살며, 딸의 이야기라면 만사 제치고 올인하는 아빠(쿠숑이의 할아버지) 가 있고, 집안일은 1도 감각이 없는 나의 부족한 점을 채워주는 남편, 케미가 잘 맞는 딸을 둔 나라서.

엄마의 말에 나도 바로 인정한다. 우리 아빠도, 내 남편도, 내 딸도 모두 우리 엄마가 부러워할 만하다.

특히 우리 딸과 나는 정말 쿵짝이 잘 맞는다. 세 바퀴를 돈 띠동갑이라 그런지, 같은 혈액형이어서 그런지, 같은 여자라 그런지 서로의 감정을 잘 어루만져주고, 대화가 통한다. 그런 딸과 케미, 쿵짝이 잘 맞는다는 말에 다들 '에이~ 너무 표현이 과한 거 아니야'라고 생각할 수 있다.

주변에도 그렇게 말했지만, 실제 나와 딸의 모습을 보고 '정말 신기하다. 그런 케미가 가능하구나!' 라고, 말하는 경우가 꽤 많았다. 아이의 어린 시절부터 함께 쌓아온 에너지 때문일 수도 있겠다.

아이와 나는 일상생활이 역할극이다.

갑작스레 아침에 일어난 딸은 나의 엉덩이를 두들기며 말한다.

- **엄마를 연기하는 딸** : 오구오구 우리 아기 잘 잤어요? 엄마가 우리 아기 너무 보고 싶었어~ 어린이집 가야지 우쭈쭈

- **아가가 된 엄마** : 응애~ 엄마 어린이집 가기 싫어요. 응애. 엄마랑 더 놀 거예요. 응애.

- **엄마를 연기하는 딸** : 아이구 우리 아기 어린이집에 가기 싫구나. 그래도 엄마가 일을 해야 우리 아기 맛있는 것도 사주고 예쁜 옷도 사주지? (내가 평소에 아이에게 했던 대사 그대로다)

- **아가가 된 엄마** : (아니 이걸 기억했다고? 놀람을 잠시 숨기고) 응애, 엄마 엄마 회사 안 가면 안돼요? 엄마, 아빠랑 더 놀고 싶어요. 그래도 맛있는 거랑 예쁜 옷을 위해서 저 어린이집 가야 하는 거죠? 응애 슬퍼요.

- **엄마를 연기하는 딸** : 오구오구 우리 아가가 엄마, 아빠랑 더 놀고 싶어서 어린이집 가기 싫구나. 그래도 아빠랑 엄마는 회사에 가는 게 일이고, 우리 아가는 어린이집 가서 재밌게 노는 게 일이에요. 알겠지요?
- **아가가 된 엄마** : 알겠어요. 엄마. 그럼, 오늘 어린이집에서 제가 재밌게 놀 거예요. 엄마, 사랑해요.
- **엄마를 연기하는 딸** : 옳지 옳지. 우리 딸, 우리 아가 너무 기특해요. (엉덩이 팡팡) 엄마도 우리 아가 사랑해. (뽀뽀 쪽)

아이의 역할 설정에 나도 자연스레 딸의 역할을 해보면서 정말 많은 깨달음과 놀라움이 늘 있다. 아이가 가끔 어린이집에 가면서 울며 가기 싫다고 할 때면, '바쁜데 우니까 내가 힘드네!'라고 생각하다가도 이렇게 역할극으로 아이가 되어 아이의 마음을 이해 본 경험이 떠오른다. '아빠와 엄마랑 보내는 시간이 아이에게 정말 큰 행복이었던 거구나. 그럼, 정말 어린이집에 가기 싫은 마음이 충분히 이해되네.'라고.

그저 '엄마, 사랑해요'라고 말하고 있는 거였구나 라고.

어떤 날은 어깨가 축 처지거나 느낌으로 나의 기분이 좋지 않은 날을 기가 막히게 감지해 내는 우리 딸은. 말없이 나를 꼭 껴안아 주며 말한다.

"엄마, 엄마는 나의 세상에서 제일 귀하고 소중한 보물이야.

알지?"

그럼, F 감성 충만한 엄마는 또 눈물로 안구를 채운다. 그렇게 울먹이는 엄마의 커다란 얼굴을 우리 딸의 작디 작은 손으로 눈물을 쓱쓱 닦아준다.

"괜찮아 괜찮아 엄마. 내가 있잖아~"

그래 나는 세상에서 가장 귀한 보물인 딸이 있는 엄마인데, 내가 지금 힘든 마음쯤은 아무것도 아니다. 이런 소중한 아가 앞에서 내 속상한 감정은 사치일 뿐이다.

이렇게 슬퍼하며 시간을 보내는 시간이 아깝다는 생각에 아이를 있는 힘껏 안으며, 긍정적인 마음으로 전환한다.

세상 풍파에서도 가족을 생각하면 힘이 나는 그런 가정을 만들고 싶다.

아이가 나에게 그렇듯, 나는 아이에게 더 크고 든든한 그리고 가장 따뜻하고 다정한 울타리고 싶다.

이렇게 나도 아이만큼이나 매일매일 자라나고 있다. 그리고 내가 아이를 키우는 만큼 아이도 나를 좋은 어른으로 성장시키고 있다.

나도 누군가의 소중한 아이였음을 기억하며

아이를 키우며 새로이 알게 되는 여러 감정이 있다.
- 나 자신보다 더 사랑하는 존재가 있을 수 있다는 것
- 내 목숨을 내어서라도 아끼고 사랑하고픈 존재가 있다는 것
- 숨만 쉬어도 그 존재가 너무 아깝고 소중해서 귀하디귀하게 보살펴주고 싶은 것
- 아무 조건 없이 그저 사랑할 수 있다는 것만으로도 감사한 존재

그런 존재가 바로 나의 아이다. 컨디션이 난조일 때면 내 감정에 지배를 받아 내 기분이 태도가 될 때도 있지만, 그 본연의 마

음은 '내가 널 얼마나 사랑하고 있는지'를 계속해서 표출하는 것이 부모 같다. 그 표출 방식이 사람마다 다를 뿐 그 마음의 본질은 같은 것이라 생각한다.

내가 누군가를 이렇게 생각하게 될 줄은 상상도 못 했다. 그리고 내가 느끼는 이런 감정들이 우리 엄마도 나에게 있었다고 생각하니 새삼 엄마가 보고 싶고, 감사하고, 더 사랑하고 싶다.

아이를 낳기 전에는 몰랐다. 엄마가 나를 사랑하는지 계속 의심하고, 확인받고 싶었고, 알고 싶었다. 당최 표현은 잘 하지 않는 엄마이기도 하고, 늘 화가 나 있고 무섭고 어려운 존재였기 때문이다.

엄마는 늘 말했다. 어려서부터 늘 아픈 할머니와 무서워 말조차 꺼낼 수 없는 할아버지 아래 세 남매의 장녀로 자라면서 하고 싶은 말조차 하지 못하고 방에 숨어서 지내듯 살았다고. 그 좋아하는 라디오조차 방에서 듣지 못하고, 아버지가 퇴근해 집에 오실 때면 마치 바퀴벌레처럼 조용히 방문을 닫고 들어갔다고. 그 어린 시절 엄마에게 늘 아팠던 할머니는 '시집이나 잘 가라. 여자가 무슨 공부냐'라는 아픈 말들로 딸을 더 아프게 했다고.

그렇게 부끄럼 많고 소심하고, 부모의 아픈 말들 속에서 자란 엄마는 자식 앞에서는 절대 아픈 모습을 보여서는 안 된다는 다짐으로 육아와 살림이라는 커다란 짐을 짊어진 채로 40여 년을 버텨내고 있다.

그리고 이제는 말한다.

"사랑을 받아본 적이 없어서 어떻게 표현하는지도 몰랐다."라고.

그렇게 말하는 엄마의 말에는 얼마나 큰 용기가 필요했을까.

사랑과 표현이 많은 남편과 그 남편을 꼭 닮은 딸 그리고 엄마를 꼭 닮은 아들을 낳아 단란한 4명의 가족을 꾸리고, 세상에 나가서 당차고 떳떳한 가족을 위해 인생의 모든 순간을 희생이란 이름으로 쌓아온 우리 엄마.

엄마는 나에게 세상에서 가장 단단하고 현명한 사람이다. 그런 엄마에게 마치 애정결핍처럼 끊임없이 표현과 사랑을 갈구해왔지만, 사실 나는 알고 있다. 우리 엄마는 매 순간 나를 사랑해왔고, 믿고 있다는 사실을 말이다.

늘 무서운 엄마였지만, 엄마는 내가 어려움에 처한 상황에는 늘 말했다.

"엄마는 너의 든든한 백이야. 어려운 상황에는 엄마 핑계를 대도 돼. 그리고 아빠랑 엄마는 네가 무슨 결정과 행동을 해도 늘 너를 믿어. 그리고 항상 너의 편이야."

나는 이 말이 내 평생의 자존감, 자존심으로 자리 잡았다. 아빠와 엄마가 날 믿듯, 나도 그 믿음에 부응하는 그런 아이가 되고 싶었다. 그리고 결코 가족에게 부끄럽지 않은 사람이 되겠다고.

내가 살아온 모든 순간을 지지하고 응원해 주시는 우리 아빠와 엄마는 내가 19살에 러시아로 유학을 갈 때에도, 30대 초반에 갑상선암 수술할 때도 늘 나를 위해 기도했고, 나를 믿었다.

무엇이든지 해낼 수 있는 용기를 주는 나의 든든한 버팀목이 되어준 아빠와 엄마의 사랑을 먹고 자란 나다. 그 사랑으로 누구보다 정신적으로도 육체적으로도 건강하고 지혜로운 나인 것을 내가 잘 알고 있다.

그런 내가 나에게도 소중한 그런 아이를 키워내고 있다. 우리 아이에게도 지혜로움으로 마음도 몸도 건강하고 단단하게 자랄 수 있도록 하루하루를 소중히 가꿔본다.

얼마 전 놀이동산에 갔을 때, 헬륨 풍선을 사달라고 하는 아이에게 나는 단호하게 안 된다고 했다. 하지만 옆에 있던 남편은 "오늘은 특별히 아빠가 사줄게!"라고 말하며 커다란 헬로키티 헬륨 풍선을 사줬다. 풍선을 손에 쥔 아이는 세상 모든 것을 가진 행복한 표정이었다. 그런 아이를 보며 조금 전 안 된다고 했던 내 말이 후회될 만큼 나도 행복해지는 미소를 감출 수 없었다.

그런 나와 아이를 보며 남편은 말했다. "저렇게 행복해하는데 어떻게 안 사줄 수 있겠어. 원하는 건 다 해줄 거야"라고. 그렇게 눈에서 꿀이 떨어지는 딸 바보가 거기 있었다.

나의 어린 시절 우리 엄마는 헬륨 풍선을 사달라고 하는 나에게 늘 안된다며 단호했다. 평생에 딱 한 번 엄마가 큰마음을 먹고 헬륨 풍선을 사준 적이 있다. 넓은 한강 공원에서 다들 들고 다니는 그런 헬륨 풍선을 나도 드디어 손에 쥐게 된 것이다. 나도 내 딸이 그랬듯 세상 모든 것을 가진 듯 행복했고, 얼굴 한가득 미소를 숨길 수 없었다. 그런데 궁금했다. 이 풍선을 놓으면 어디까지 날아갈지.

그러나 손에 힘이 풀렸지만 절대 놓칠 수 없다는 마음 50%와 날려 보고 싶은 50%의 마음이 있던 나는 살짝 고민하다 의도적으로 풍선을 손에서 놓았다. 그 순간 엄마의 잔소리가 밤늦도록 이어질 것도 알았고, 이제 내 인생에 엄마가 사주는 헬륨 풍선은 다시는 없을 것을 알았다.

하지만 나는 그저 궁금했다. 그 풍선이 하늘 높이높이 날아 어디까지 갈지. 그리고 그 풍선은 어디로 가게 될지. 또 하늘 높이 둥둥 떠갈 내 풍선에 나의 꿈과 희망을 담아 보내고 힘차게 손을 흔들어보고 싶었다. 마치 나의 이루고 싶은 것들을 하늘에 띄워 소식을 전하듯.

역시나 예상대로 바로 엄마의 등짝 스매싱과 함께 폭풍 잔소리가 날아왔다. 하지만 나의 궁금증과 꿈과 희망도 하늘로 높이높이 날아가고 있었다. 나는 그때의 그 경험이 짜릿함과 뿌듯함으로 여전히 기억된다.

어쩌면 엄마는 내가 그렇게 날려버리고 말 것이라고 이미 알고 있었을지도 모르겠다. 그런데 나는 그 경험으로 엄마는 나를 알고 있지만 믿는다는 것을 느꼈던 것 같다. 그리고 늘 내 꿈을 지지한다는 것도.

그렇게 나는 무럭무럭 자라 이제는 세 돌의 아이를 키우는 어엿한 워킹맘이 되었다.

40살이 되어도 엄마와 아빠에게는 여전히 아이인 나다. 감기에 걸려도 걱정이라며 오로지 딸 걱정뿐이다.

'그래 나도 우리 엄마의 소중한 아이였다. 나는 우리 엄마의 청춘과 사랑을 먹고 자랐다. 나는 그런 귀한 존재다'

하버드 성인 발달연구는 평생 행복의 비결이 돈도, 명예도 아닌 관계라고 말한다. 특히 부모로부터 '넌 언제나 우리 편이야'라는 믿음을 받은 아이는 그 마음을 평생 품고 살아간다. 내가 우리 엄마 아빠에게서 받은 그 믿음이, 오늘은 내 아이를 단단히 품어주는 힘이 된다.

모든 순간이 엄마의 자랑스러운 딸이자 자부심이었듯 나도 우리 딸에게 그런 엄마가 되고 싶다. 우리 딸에게 존재만으로도 든든하고 늘 지혜로운 그런 엄마로 말이다.

우리 모두 삶은 버텨내고 있지만, 부모님의 자랑이고 자식들의 자랑임을 잊지 말자.

오늘도 단단히 살아내는 당신의 하루를 진심으로 응원합니다. 그리고 오늘 하루, 그저 살아 내줘서 고맙습니다.

나답게 사는 것이 용기

비교하지 않고, 완벽하지 않아도 괜찮아요. 다른 누구의 길이 아닌, 나의 속도로 살아가는 것이야말로 가장 큰 용기니까요. 오늘의 나는 부족하지 않아요. 지금 이 모습 그대로도 삶을 해내고 있고, 그것만으로도 이미 의미 있고 단단한 걸요. 나답게 사는 것만으로도 충분히 빛나고 있어요.

에필로그

처음 워킹맘에 대한 원고를 쓰기 시작했을 때, 글쓰기라는 것은 제 자신을 붙잡기 위한 응급처치였습니다. 아이와 일 사이에서 쪼개지고 흔들릴 때마다 글은 저에게 숨 쉴 구멍이 되어 주었고, 울고 웃고 토닥이는 과정 속에서 원고는 조금씩 자라났습니다.

돌아보면 엄마가 된다는 건 단단해지는 일이 아니었습니다. 오히려 내 불완전함을 고백하고, 다른 사람에게 도움을 요청하고, 기댈 수 있는 용기를 배우는 일이었습니다.

'나 혼자 다 해야 한다'는 생각을 내려놓는 순간, 육아도 일도 조금은 버틸 수 있게 되었습니다. 그 길 위에서 만난 건 작은 기적들이었습니다. 아이의 첫 미소, 동료의 따뜻한 위로, 남편의 예상치 못한 배려, 그리고 무엇보다 아직, 여전히 잘 버티고 있는 저 자신이었습니다.

물론 지금도 흔들립니다. 회사에서 시계를 보며 '퇴근 시간, 아이는 잘 있나' 걱정하는 마음, 집에서 아이를 달래다 회사 업무들이 떠올라 가슴이 철렁하는 순간, 여전히 매일의 균형은 어렵습니다.

하지만 이제는 압니다. 완벽하지 않아도 괜찮다는 것을.
불안과 혼란 속에서도 결국 우리는 살아내고 있다는 것을.

이제 책장을 덮는 이 순간, 저는 또 다른 하루의 육아와 일을 마주할 것입니다. 여전히 모자라고 여전히 서툴겠지만, 그것도 괜찮습니다.

왜냐하면 아이는 완벽한 엄마가 아니라, 자기 곁에서 흔들리면서도 웃어주는 엄마를 필요로 하니까요.

혹시 이 책을 덮으며 '나는 잘하고 있는 걸까?'라는 질문을 품고 있는 분이 있다면, 이 한 문장을 꼭 전하고 싶습니다.

당신은 이미 충분히 잘하고 있습니다.
완벽하지 않아도, 괜찮습니다.

완벽한 워킹맘, 그런 거 없습니다

초판 인쇄 2025년 11월 6일
초판 발행 2025년 11월 20일

지은이 송
발행인 조현수
펴낸곳 도서출판 프로방스
기획 조영재
마케팅 최문섭
편집 문영윤

주소 경기도 파주시 광인사길 68, 201-4호(문발동)
전화 031-942-5366
팩스 031-942-5368
이메일 provence70@naver.com
등록번호 제2016-000126호
등록 2016년 06월 23일

정가 18,000원
ISBN 979-11-6480-402-3 (03810)

파본은 구입처나 본사에서 교환해드립니다.